Franz Krapp

Der substantivierte Infinitiv abhängig von Präpositionen und Präpositionsadverbien in der historischen Gräcität (Herodot bis Zosimus)

Franz Krapp

Der substantivierte Infinitiv abhängig von Präpositionen und Präpositionsadverbien in der historischen Gräcität (Herodot bis Zosimus)

ISBN/EAN: 9783743612129

Hergestellt in Europa, USA, Kanada, Australien, Japan

Cover: Foto ©Thomas Meinert / pixelio.de

Manufactured and distributed by brebook publishing software (www.brebook.com)

Franz Krapp

Der substantivierte Infinitiv abhängig von Präpositionen und Präpositionsadverbien in der historischen Gräcität (Herodot bis Zosimus)

DER

SUBSTANTIVIERTE INFINITIV

ABHÄNGIG VON

PRÄPOSITIONEN UND PRÄPOSITIONSADVERBIEN IN DER
HISTORISCHEN GRÄCITÄT.

(HERODOT BIS ZOSIMUS.)

INAUGURAL-DISSERTATION

ZUR ERLANGUNG DER DOKTORWÜRDE

DER

PHILOSOPHISCHEN FAKULTÄT

DER

RUPRECHT-CAROLINISCHEN UNIVERSITÄT ZU HEIDELBERG

EINGEREICHT VON

FRANZ KRAPP.

HEIDELBERG.
CARL WINTER'S UNIVERSITÄTSBUCHHANDLUNG.
1892.

Vorwort.

Die Verbindung des ſubſtantivierten Infinitivs mit Präpoſitionen und Präpoſitionsadverbien zeigt einen deutlich erkennbaren Entwicklungsgang. Erſt allmählich vermag dieſe Konſtruktion innerhalb des griechiſchen Sprachſchatzes ſich einen Platz zu erobern.

Die vorliegende Arbeit ſoll nun mit Hilfe einer genauen Materialſammlung darlegen, welches der Entwicklungsgang geweſen innerhalb der hiſtoriſchen Gräcität von ihren Anfängen bis in die Zeit des Byzantinismus, von Herodot bis hinunter zu Zosimus.

Die nur fragmentariſch überlieferten Schriften können bei dieſer ſyſtematiſchen Beſprechung außer acht gelaſſen werden.

Die Citate beziehen ſich auf Band-, Seiten- und Zeilenzahl folgender Ausgaben (meiſt der Editio teubneriana):

Herodot, ed. Dietſch-Kallenberg, Leipzig 1887.

Thukydides, ed. G. Böhme, Leipzig 1887.

Xenophon, Anabasis und Kyropädie, ed. A. Hug, ed. maior, Leipzig 1878/83.

— Scripta minora, Hellenica, Memorabilia, ed. L. Dindorf, Leipzig 1882/85.

Polybius, ed. Fr. Hultſch, Berlin, Weidm. 1867/72.

Diodorus Siculus, ed. L. Dindorf, Leipzig 1867/68.

Dionysius v. Halic., ed. A. Kießling, Leipzig 1860/70.

Josephus Flavius, ed. J. Bekker, Leipzig 1855/56.

Plutarch, Vitae, ed. C. Sintenis, Leipzig 1877/81.

Arrian, Anabasis, ed. C. Abicht, Leipzig 1882.

— Scripta minora, ed. R. Hercher, Leipzig 1885.

Appian, ed. L. Mendelsſohn, Leipzig 1879/81.

Dio Cassius, ed. L. Dindorf, Leipzig 1863/65.
Herodian, ed. J. Becker, Leipzig 1865.
Zosimus, ed. L. Mendelsfohn, Leipzig 1865.

Litteratur: Außer den bekannten Werken über Infinitiv und Präpofitionen im allgemeinen kommen fpeziell folgende Schriften in Betracht:

Behrendt, G., Über den Gebrauch des Infinitivs mit Artikel bei Thukydides, Berlin 1886.
Birklein, F. Dr., Entwicklungsgefchichte des fubftantivierten Infinitivs, Würzburg 1888.
Getzeler, De Polybi elocutione, Würzburg 1887.
Gildersleeve in: Transactions of the American Philological Assoc. 1878 und Am. Journal of Phil., III. 139, VIII. 329.
Golisch, De praepositionum usu Thucydideo, Schweidnitz 1859.
Heilmann, L., De Infinitivi syntaxi Herodotea, Gießen 1879.
Herzog, Die Syntax des Infinitivs, N. Jb. f. Ph. u. P. 1873.
Jerusalem, Infchrift von Sestos u. f. w., Wiener Stud. I. 32 ff.
Kälker, De Polybii elocutione, Leipzig, Stud., III. 217.
Karassek, J., Der Infinitiv bei Herodot, Saaz 1883.
Krebs, F., Präpofitionen bei Polyb, Würzburg 1882.
— Präpofitionsadverbien in der fpätern hiftorifchen Gräcität, München 1884/85.
Lüttge, De Polybi elocutione, Nordhaufen 1863.
Michaelis, De Infinitivi usu Thucydideo, Halle 1886.
Müller-Strübing, Thukydideifche Forfchungen, 1881.
Schenkl, im Jahrb. für Philologie, XI. 1 233 ff.
Sharp, R., De Infinitivo Herodoteo, Diss. Leipzig 1890.
Stich, De Polybii elocutione, Akt. Erlang., II. 141/211.
Thiemann, Observationes Polyb. u. quaestiones Polyb. .
Weiske, Fleckeifens Jahrb., Bd. 126, pag. 594, 525.

Die Gliederung des Stoffes ift folgende:

I. Frequenz der Präpofitionen und Präpofitionsadverbien in Verbindung mit dem Infinitiv.

II. Gebrauchsweiſe der Präpoſitionen und Präpoſitionsadverbien in Verbindung mit dem ſubſtantivierten Infinitiv.

a) Gebrauchsweiſe der einzelnen Präpoſitionen und Präpoſitionsadverbien.

b) Gebrauchsweiſe der einzelnen Autoren.

Zwei Schlußfragen:

1) Welches iſt der Gebrauch der Kaſus?

2) Wie werden Nebenſätze umſchrieben?

Materialſammlung.

I.
Frequenz der Präpofitionen und Präpofitionsadverbien in Verbindung mit dem Infinitiv.

Vergleichstabelle:

HERODOT:	9	Fälle	=	1,16 %[1]
THUKYDIDES:	168	»	=	27,89 »
XENOPHON:	516	»	=	39,22 »
POLYBIUS:	1053	»	=	74,76 »
DIODOR:	522	»	=	23,75 »
DIONYS:	185	»	=	13,14 »
JOSEPHUS:	651	»	=	23,21 »
PLUTARCH:	415	»	=	19,55 »
ARRIAN:	62	»	=	10,08 »
APPIAN:	15	»	=	1,26 »
DIO CASSIUS:	220	»	=	14,78 »
HERODIAN:	59	»	=	30,26 »
ZOSIMUS:	95	»	=	39,90 »
	3970	Fälle	=	25,805 %.

Aus diefer Tabelle ergiebt fich folgende hiftorifche Entwicklung.

HERODOT läßt diefe Verbindung nur äußerft felten zu (cf. BIRKLEIN, Entwicklungsgefchichte des fubftantivierten Infinitivs, Würzburg, 1888, pg. 46 u. 49).

THUKYDIDES bedient fich bei der Heranbildung feines Stiles auch diefes Hilfsmittels häufig; befonders — Präpofitionen mit dem Accufativus ausgenommen — in den rhetorifch gefchmückten Reden[2].

---
[1] Unter Prozent (%) verftehe ich die Anzahl von Fällen, die auf je 100 Seiten der Teubner'fchen Textausgabe kommen.

[2] Von den 168 Fällen kommen 80 auf die Reden und 88 auf die erzählenden Partieen; u. z. auf εἰς τό c. Inf. u. διὰ τό c. Inf. allein 59 Fälle.

Xenophon geht noch bedeutend weiter als ſein Vorgänger. Auch bei dem in Frage kommenden Gebrauche zeigt ſich der ſo weſentlich verſchiedene Charakter der Xenophonteiſchen Schreibart. In der ſorgfältigſten ſeiner Arbeiten, der Anabaſis, gewährt dieſer Autor der präpoſitionalen Verbindung des Infinitivs einen ziemlich geringen Spielraum (18 %), größern in der Hellenika (25 %) und noch freieren in der Kyropaideia (43 %), bei welcher der romanhafte Charakter und die vielen eingelegten Geſpräche ein größeres Sichgehenlaſſen bedingte. Noch mehr gilt dies von den übrigen, der Hiſtorie zum Teil fernſtehenden Schriften, den Apomnemoneumata (55,6 %) und den kleinen Schriften (55,9 %). Von den letzteren haben die einzelnen Abhandlungen folgende Frequenz:

('Αθηναίων πολιτεία .	25 %)	Πόροι . . .	33 %
ἀπολογία Σωκράτους .	37 %	Οἰκονομικός	37 %
ἱππαρχικός	57 %	περὶ ἱππικῆς .	58 %
Κυνηγετικός	57 %	'Αγησίλαος .	74 %
Λακεδαιμονίων πολιτεία	60 %	Συμπόσιον . . .	125 %
Ἱέρων	75 %		

Ein ganz anderes Bild zeigt ſich in der Κοινή des Polybius. Dieſer übertrifft bei weitem die Frequenz ſeiner Vorgänger (Pol. : Herod. : Thukyd. : Xen. = 74,76 : 1,16 : 27,89 : 39,22) und erſcheint hierin, im Hereinziehen neuer Präpoſitionen, im Modifizieren der Bedeutung früher gebrauchter Präpoſitionen und Präpoſitionsadverbien, als Neuerer des griechiſchen Sprachgebrauches.

Ihm folgen die ſpäteren Hiſtoriker nicht in gleichem Maße; denn ſchon bei Diodor ſinkt die Frequenz auf ein Drittel des Polybianiſchen Aufwandes. Josephus kommt dem Polybianiſchen Gebrauch etwas näher; für ſeine einzelnen Schriften ergiebt ſich folgendes Verhältnis: Βίος Ἰωσήπου 42 %, 'Αρχαιολογία 41 %, κατὰ 'Απίωνος 30 %, εἰς Μακκαβαίους 19 %, Ἰουδαϊκὸς πόλεμος 15 %.

Bei Plutarch zeigt sich ein erneutes Zurückgehen. Die atticiſtiſche Diktion ſucht dieſe Verbindung zu vermeiden, am meiſten Appian.

Dio Cassius, noch mehr Herodian und befonders Zosimus fagen fich von diefer Richtung los und greifen wieder mehr zum Gebrauchsmodus Polybs.

Die Zeit der Autoren alfo, welche dem Gebrauche der Präpofitionen und Präpofitionsadverbien in Verbindung mit dem Infinitiv befonders zuneigen, erftreckt fich vom zweiten Jahrhundert v. Chr. bis Ende des erften n. Chr. Nun erfolgt ein Ausfetzen und dann ein neues Aufkommen am Ende des zweiten Jahrhunderts n. Chr. In jene Lücke fällt die Lebenszeit derjenigen Hiftoriker, welche das attifche Idiom wieder zur Geltung bringen wollen.

Nach diefen allgemeinen Bemerkungen über die Frequenz der Präpofitionen und Präpofitionsadverbien in Verbindung mit dem Infinitiv kann befprochen werden:

A.
Frequenzverhältnis der einzelnen Präpofitionen in Verbindung mit dem Infinitiv
und zwar

1) Präpofitionen mit dem Genetiv des Infinitivs.

Aus beigegebener Tabelle (f. folgende Seite) ergeben fich folgende Refultate:

Bei Herodot finden fich zwei Fälle, bei Thukydides 23 (16 gehören den Reden an). Bei feinem Nachfolger fteigt die Frequenz um ein Unbedeutendes und das Verhältnis in den einzelnen Schriften ift folgendes:

	Anabafis.	Hellenika.	Kyropaideia.	scripta min.	Apomnem.
ἀντί	—	3 1,08	4 1,2	15 4,8	5 3,55
ἀπό	—	—	—	2 0,64	1 0,71
ἐκ	2 0,82	—	1 0,30	6 1,92	2 1,42
πρό	—	—	—	—	3 2,13
ὑπό	1 0,41	—	5 1,5	1 0,32	—
ὑπέρ	—	—	—	1 0,32	—
	3 1,23	3 1,08	10 3	25 8	11 7,81

Präpositionen in Verbindung mit dem Genetiv des Infinitivs.

	Herod.	Thukyd.	Xenoph.	Polyb.	Diod.	Dion.	Jos.	Plut.	Arr.	App.	D. C.	Herod.	Zos.	Summa.
ἀντί	2 ^{0,25} [1]	5 ^{0,83}	27 ^{2,05}	—	1 ^{0,05}	4 ^{0,28}	3 ^{0,15}	3 ^{0,14}	1 ^{0,21}	—	1 ^{0,07}	—	—	47 ^{0,31}
ἀπό	—	2 ^{0,33}	3 ^{0,23}	—	23 ^{1,05}	3 ^{0,21}	4 ^{0,2}	4 ^{0,29}	1 ^{0,21}	—	2 ^{0,13}	—	—	42 ^{0,07}
ἐκ	—	12 ^{1,99}	11 ^{0,84}	19 ^{1,35}	27 ^{1,25}	9 ^{0,64}	46 ^{2,35}	17 ^{0,8}	—	2 ^{0,17}	34 ^{2,24}	3 ^{1,46}	3 ^{1,26}	183 ^{1,19}
πρό	—	4 ^{0,66}	3 ^{0,23}	12 ^{0,86}	18 ^{0,82}	3 ^{0,21}	10 ^{0,51}	13 ^{0,6}	—	—	8 ^{0,53}	—	—	71 ^{0,46}
ὑπέρ	—	—	1 ^{0,076}	24 ^{1,71}	11 ^{0,5}	17 ^{1,21}	55 ^{2,81}	29 ^{1,36}	3 ^{0,63}	—	10 ^{0,66}	1 ^{0,49}	3 ^{1,26}	154 ^{1,00}
ὑπό	—	—	7 ^{0,53}	—	—	—	22 ^{1,12}	2 ^{0,09}	3 ^{0,63}	—	14 ^{0,92}	—	—	48 ^{0,31}
	2 ^{0,25}	23 ^{3,81}	52 ^{3,96}	55 ^{3,85}	80 ^{3,98}	36 ^{2,52}	140 ^{7}	68 ^{3,4}	8 ^{1,68}	2 ^{0,17}	69 ^{4,56}	4 ^{1,95}	6 ^{2,52}	545 ^{3,54}

d. h. die Frequenz der Anabasis und Hellenika bleibt hinter der Thukydideischen bei weitem zurück, die der Kyropaideia nähert sich ihr und die der scripta minora und der Apomnemoneumata überragt sie fast um das doppelte. Polybius übertrifft um weniges die Thukydideische Frequenz. Dies Anwachsen hält bei Diodor an. Durch die atticistische Richtung tritt eine Verminderung ein, die von Josephus unterbrochen wird. Derselbe hat bei diesem Kasus das Maximum erreicht (fast das Doppelte des Thuk.). Auch bei ihm zeigt sich, wie bei Xenophon, in den einzelnen Schriften eine große Differenz (εἰς Μακκαβ: 3%, βίος Ἰωσήπου 3%, πόλεμος Ἰουδ. 3%, κατὰ Ἀπ. 5%, Ἀρχαιολογία 8%). Plutarch bleibt um ein geringes hinter Thukydides zurück. Noch tiefer sinkt das Niveau bei Arrian, u. Appian wendet diese Präpositionen sogar weniger häufig an als Herodot.

Neues Steigen erfolgt in den Schriften des Dio Cassius, doch hat dasselbe nur kurzen Bestand, da bei Herodian und Zosimus ein Fallen unter Thukydideisches Maß erfolgt.

[1] Herodot I. 120₁₁ II. 80₁₇, 209₁₂ steht ἀντί beim bloßen Infinitiv.

Über die Frequenz der einzelnen hier in Betracht kommenden ſechs Präpoſitionen gelten folgende Regeln:

1) ἐκ hat die höchſte Frequenz erreicht und es folgen nach dem Prinzip der Frequenz ὑπὲρ τοῦ, πρὸ τοῦ, ὑπὸ τοῦ, ἀπὸ τοῦ und ἀντὶ τοῦ.

2) Zwei Präpoſitionen, von Herodot und Thukydides eingeführt, — ἀντί und ἀπό — werden von Polybius nicht mehr verwendet. Infolgedeſſen iſt ihr Gebrauch auch bei den ſpätern Hiſtorikern ein geringer, ja Appian und Herodian meiden ſie ganz, desgl. Zosimus. Nur Diodor macht hier eine Ausnahme; er braucht ἀπὸ τοῦ dreiundzwanzigmal.

3) ὑπὲρ τοῦ wird von Xenophon (scr. min. 120_{24}) in die hiſtoriſche Gräcität eingeführt, von Polybius ſehr häufig verwendet und erhält sich bei ſämtlichen Hiſtorikern, mit Ausnahme Appians.

4) ὑπὸ τοῦ, von Xenophon zuerst benützt, wird von Polybius, Diodor und Dionys vermieden. Josephus dagegen wendet es ziemlich häufig an, desgleichen Dio Cassius. An Polybius ſchließen ſich Appian und Herodian an.

2) Präpoſitionen mit dem Dativ des Infinitivs.

	Her.	Thuk.	Xen.	Pol.	Diod.	Dion.	Jos.	Plut.	Arr.	App.	D. C.	Her.	Zos.	Sum.
ἐν	1	6	18	20	40	13	34	80	4	4	10	1	7	238
	0,12	1,0	1,87	1,42	1,82	1,92	1,33	3,76	0,84	0,34	0,66	0,40	2,84	1,55
σύν	—	—	—	—	1	—	—	1	—	—	—	—	—	2
					0,05			0,05						0,01
	1	6	18	20	41	13	34	81	4	4	10	1	7	240
	0,12	1,0	1,37	1,42	1,87	1,92	1,33	3,81	0,34	0,34	0,66	0,49	2,84	1,56

Von Herodot und Thukydides (nur in Reden) zugelaſſen, gewinnen ſie bei den Hiſtorikern immer mehr Anhang, erreichen ihre höchſte Frequenz bei Plutarch, verſchwinden dann völlig bei Arrian und Appian, ſteigen etwas bei Dio Cassius, um wieder bei Herodian zu ſinken. Neues Aufleben erfolgt bei Zosimus.

Als eine ganz unerhörte Neuerung des Diodor muß die Einführung von σύν mit dem Infinitiv bezeichnet werden (III. 515_{14}). Er fand einzig Nachahmung bei Plutarch IV. 76_{32} (Cato 43).

3) Präpositionen mit dem Akkusativ des Infinitivs.

	Her.	Thuk.	Xen.	Pol.	Diod.	Dion.	Jos.	Plut.	Arr.	App.	D. C.	Her.	Zos.	Sum.
εἰς	2	21	73	54	30	13	40	22	31	5	18	17	25	351
	0,25	3,49	5,55	3,85	1,37	0,92	2,04	1,03	6,54	0,42	1,62	8,30	10,5	2,28
κατά	—	4	—	—	1	—	1	—	—	—	—	—	—	6
		0,66			0,55		0,05							0,04
παρά	—	2	—	1	—	4	3	—	—	1	1	—	—	12
		0,33		0,07		0,28	0,13			0,08	0,09			0,08
	2	27	73	55	31	17	44	22	31	6	19	17	25	369
	0,25	4,48	5,55	3,92	1,42	1,20	2,24	1,03	6,54	0,50	1,71	8,30	10,5	2,40

Nach dem Vorgange des Herodot nahmen Thukydides (10 in Reden, 17 in der Darſtellung) und Xenophon[1] dieſe Präpoſitionen in bedeutend erhöhter Anzahl in ihre Werke auf. Bei Polybius wird das Niveau ein etwas niedrigeres, ſinkt noch mehr bei Diodor und Dionys, hebt ſich wieder etwas bei Josephus[2], geht wieder etwas zurück bei Plutarch, ſteigt dagegen außerordentlich bei Arrian (εἰς in Anab. 21, in script. min. 10 Fälle, d. h. 6,3 %: 7,2 %), um gleich bei Appian den niedrigſten Stand zu gewinnen. Doch Dio Cassius leitet die Blütezeit dieſer Gebrauchsweiſe ein, welche ſich bei Herodian und noch mehr bei Zosimus im weiteſten Umfang entwickelt.

Über das Auftreten der einzelnen Präpoſitionen ergeben sich folgende Reſultate:

1) Den Löwenanteil ſämtlicher Fälle reißt εἰς τό c. Inf. an ſich (351 von 369) und bedingt daher und erleidet das angeführte Schwanken.

2) Das von Thukydides viermal angewendete κατὰ τό c. Inf. fand nur bei Diodor und Josephus Aufnahme, παρά bei Polybius, Dionys, Josephus, Appian und Dio Cassius.

---

[1] Es findet ſich nur εἰς und zwar in der Anabaſis 5, Hellenika 10, Kyropaideia 25, scripta minora 24 und comment. 5 Fälle.

[2] Das Verhältnis in den einzelnen Schriften iſt folgendes:

	Ἀρχαιολ.	Ἰωσήπ. βίος.	Ἰουδαϊκ. πόλ.	Ἀπίων.	Μακκαβ.
εἰς	34	—	6	—	—
παρά	2	—	1	—	—

4) Präpositionen in Verbindung mit dem Genetiv und Akkusativ des Infinitivs.

		Her.	Thuk.	Xen.	Pol.	Diod.	Dion.	Jos.	Plut.	Arr.	App.	D. C.	Her.	Zos.	Sum.
διὰ	τοῦ	—	—	3 0,23	—	—	—	5 0,26	3 0,14	—	—	2 0,13	—	—	13 0,03
	τό	—	72 11,95	197 14,97	455 32,44	251 11,42	23 1,63	212 10,81	65 3,80	1 0,21	1 0,08	46 3,04	3 1,46	17 7,14	1343 8,73
μετὰ	τοῦ	—	3 0,5	—	—	—	3 0,21	7 0,36	—	—	—	—	—	2 0,84	15 0,098
	τό	2 0,25	—	—	26 1,55	7 0,31	2 0,14	17 0,88	—	—	—	4 0,26	7 3,42	—	65 0,42
περὶ	τοῦ	1 0,12	12 1,99	11 0,84	25 1,78	8 0,36	16 1,12	30 1,5	2 0,09	—	—	1 0,07	—	3 1,26	109 0,71
	τό	—	—	2 0,15	7 0,5	2 0,09	1 0,07	1 0,05	1 0,05	—	—	2 0,13	—	—	16 0,[illegible]
		3 0,37	87 14,42	213 16,19	513 36,57	268 12,19	45 3,17	272 13,61	71 4,14	1 0,21	1 0,08	55 3,63	10 4,9	22 9,24	1561 10,[illegible]4

Diese Klasse von Präpositionen gesellt sich am häufigsten zu dem Infinitiv. Dies ist schon bei Herodot der Fall. In dem Werke des Thukydides kommen auf diese Gattung der Präpositionen mehr Beispiele als auf die früher besprochenen zusammen. Bei Xenophon ist der Unterschied noch bedeutender und die einzelnen Klassen der Schriften participieren in folgender Weise:

		Anab.	Hell.	Kyrop.	scr. min.	Apomn.
διὰ	τοῦ	1 0,41	—	1 0,3	—	1 0,71
	τό	18 7,38	44 15,84	49 14,7	65 20,8	21 14,91
περὶ	τοῦ	2 0,82	2 0,72	5 1,5	1 0,32	1 0,71
	τό	—	—	—	2 0,64	—
		21 8,61	46 16,56	55 16,5	68 21,76	23 16,33.

Polybs Werk bietet hier eine bisher nicht gekannte Fülle von Beispielen. Doch schon bei seinem nächsten Nachfolger sinkt das Niveau weit unter das des Thukydides und nicht einmal $^1/_4$ desselben erreicht Dionys. Josephus[1] überragt wieder die Anzahl des Diodor; doch nun beginnt der eigentliche Verfall, bis Dio Cassius, Herodian und Zosimus diese Verbindung wieder einigermaßen zu Ehren bringen.

[1] Ἀρχαιολ. 17,7 %, Ἰωσήπου βίος 12 %, Ἰουδ. πόλ. 2,7 %, κατὰ Ἀπίων. 13,5 %, Μακκαβ. 6 %.

Im einzelnen ift zu bemerken: διὰ τό hat die höchfte Frequenz fämtlicher Präpofitionen und Präpofitionsadverbien erreicht: mehr als ¹/₃ fümtlicher Fälle.

5) Präpofitionen mit dem Dativ und Akkufativ des Infinitivs.

		HER.	THUK.	XEN.	POL.	DIOD.	DION.	JOS.	PLUT.	ARR.	APP.	D. C.	HER.	ZOS.	Sum.
ἐπί	τῷ	—	9	20	42	28	26	53	49	6	2	24	2	1	262
			1,49	1,52	2,94	1,29	1,82	2,65	2,45	1,26	0,17	1,58	0,98	0,42	1,70
	τό	—	1	21	31	6	5	12	7	1	—	—	1	4	89
			0,17	1,6	2,17	0,27	0,36	0,60	0,35	0,21			0,49	1,68	0,58
πρός	τῷ	—	—	2	7	2	4	17	9	1	—	9	—	2	53
				0,15	0,49	0,09	0,28	0,85	0,45	0,21		0,60		0,84	0,34
	τό	—	10	70	130	37	1	61	44	4	—	23	12	10	402
			1,66	5,32	9,1	1,7	0,07	3,05	2,20	0,84		1,52	5,88	4,2	2,61
		—	20	113	210	73	36	143	109	12	2	56	15	17	806
			3,32	8,59	14,7	3,35	2,53	7,15	5,46	2,52	0,17	3,7	7,85	7,14	5,23

Diefe ftehen bei THUKYDIDES verhältnismäßig felten (12 in Reden, 8 in der Darftellung).

Bei XENOPHON[1] finden fie dreimal, bei POLYBIUS fünfmal fo häufige Anwendung. Die Frequenz der folgenden Hiftoriker finkt wieder und die des DIONYS fteht unter der des THUKYDIDES. Mit JOSEPHUS[2] tritt ein abermaliges Steigen ein bis zur Hälfte polybianifcher Höhe. Dem allmählichen Sinken bis zum niederften Stand bei APPIAN folgt durch DIO CASSIUS ein abermaliges Erreichen des THUKYDIDES. HERODIAN kommt XENOPHON fehr nahe, ZOSIMUS desgleichen.

Bei beiden Präpofitionen zeigt fich alfo die höchfte Frequenz in dem Werke POLYBS.

[1]		Anab.	Hell.	Kyrop.	scr. min.	Apomn.
ἐπί	τῷ	—	1 0,36	1 0,30	11 3,52	7 4,97
	τό	3 1,23	4 1,44	5 1,5	4 1,28	5 3,55
πρός	τῷ	—	—	1 0,3	1 0,32	—
	τό	6 2,46	5 1,8	26 7,8	14 4,46	19 13,49
		9 3,69	10 3,6	33 9,9	30 9,6	31 32,01

[2] Ἀρχαιολ. 9⁰/₀, Ἰωσήπου βίος 0⁰/₀, Ἰουδ. πόλεμ. 3,5⁰/₀, Ἀπίων 7,3⁰/₀, Μακκαβ. 0⁰/₀.

B.

Frequenz der einzelnen Präpositionsadverbien in Verbindung mit dem Infinitiv

und zwar

1) Präpositionsadverbien mit dem Genetiv des Infinitivs.

	Her.	Thuk.	Xen.	Pol.	Diod.	Dion.	Jos.	Plut.	Arr.	App.	D. C.	Her.	Zos.	Sum.
ἄνευ	—	—	11 0,84	1 0,07	1 0,05	1 0,07	1 0,05	1 0,05	—	—	—	2 0,98	—	18 0,12
ἀπωτάτω	—	—	—	—	—	—	—	1 0,05	—	—	—	—	—	1 0,0065
ἄχρι	—	—	1 0,076	—	—	—	—	6 0,28	—	—	—	—	—	7 0,045
δίχα	—	—	—	—	—	—	1 0,05	—	—	—	—	—	—	1 0,065
ἐγγύς	—	1 0,17	1 0,076	—	—	—	1 0,05	5 0,24	2 0,42	—	—	—	—	10 0,065
ἕνεκα	—	1 0,17	29 2,20	7 0,49	10 0,46	2 0,14	4 0,20	1 0,05	1 0.21	—	1 0,07	1 0,49	1 0,42	58 0,38
ἔξω	—	1 0,17	—	1 0,07	—	3 0,21	1 0,05	—	1 0,21	—	3 0,20	—	1 0,42	11 0,07
ἔμπροσθεν	—	—	—	—	—	—	—	—	—	—	—	—	1 0,42	1 0,0065
ἐπίπροσθεν	—	—	—	—	—	—	—	—	1 0,21	—	—	—	—	1 0,0065
ἕως	—	—	—	3 0,21	—	—	1 0,05	—	—	—	—	—	—	4 0,026
μεταξύ	—	—	1 0,076	—	—	—	—	—	—	—	—	—	—	1 0,065
μέχρι	—	2 0,33	6 0,46	2 0,14	3 0,14	3 0,21	6 0,31	—	—	—	—	—	—	22 0,14
πλήν	—	—	—	5 0,35	—	—	—	—	—	—	2 0,13	—	—	7 0,045
πόρρω	—	—	—	—	—	—	1 0,05	2 0,09	1 0,21	—	1 0,07	—	—	5 0,032
χάριν	—	—	—	72 5,04	6 0,27	2 0,14	—	—	—	—	—	—	—	80 0,52
χωρίς	—	—	—	4 0,28	2 0,09	—	—	—	—	—	—	—	—	6 0,039
	—	5 0,83	49 3,72	96 6,72	22 1,10	11 0,77	16 0,8	16 0,8	6 1,37	—	7 0,43	3 1,47	2 1,26	233 1,5145

1) Bei Herodot findet ſich kein einziges Beiſpiel eines Infinitivs, der von einem Präpoſitionsadverbium abhängig wäre. Denn I. 303 πλὴν ἑνὸς τοῦ ἐς Ἕλληνας ἀπιέναι πάντα . . . iſt der Infinitiv eine

Appoſition zu ἑνός (cf. Birklein, Entwicklungsgeſchichte des ſubſt. Infinitivs, pag. 49).

Thukydides gebraucht nur drei Präpoſitionsadverbien: ἕνεκα, ἔξω (in Reden), μέχρι (in der Darſtellung).

Xenophon verſchmäht ἔξω, nimmt aber ἄνευ auf; ſeine Frequenz iſt das Fünffache von der des Thukydides.

	Anab.	Hell.	Kyrop.	scr. min.	Apomn.
ἄνευ	—	$1^{0,36}$	$6^{1,8}$	$1^{0,32}$	$5^{3,55}$
ἄχρι	—	—	—	$1^{0,32}$	—
ἐγγύς	—	—	—	$1^{0,32}$	—
ἕνεκα	$1^{0,41}$	$1^{0,36}$	$9^{2,7}$	$14^{4,48}$	$4^{2,84}$
μεταξύ	—	—	—	$1^{0,32}$	—
μέχρι	—	$1^{0,36}$	—	$3^{0,96}$	$2^{1,42}$
	$1^{0,41}$	$3^{1,08}$	$15^{4,5}$	$31^{9,92}$	$11^{7,81}$.

Polybius erreicht die höchſte Stufe: Er nimmt faſt die Hälfte ſämtlicher Fälle für ſich in Anſpruch. Bei dieſer Gattung zeigt ſich recht deutlich die kunſt- und ſorgloſe Schreibweiſe Polybs; er gebraucht faſt alle bei ſeinen Vorgängern üblichen Präpoſitionsadverbien in Verbindung mit dem Genetiv und führt außerdem vier neue ein: ἕως, πλήν, χάριν und χωρίς. Beſonders auffallend iſt der außerordentlich häufige Gebrauch von χάριν τοῦ.

Doch dies von Polybius eingeführte, häufige Hereinziehen der Präpoſitionsadverbien findet ſchon bei ſeinem Nachfolger Diodor keine Nachahmung mehr, ja dieſer bleibt hinter Xenophon weit zurück.

Dieſes abweiſende Verhalten dauert an mit einigem Schwanken bis in die Zeit Arrians, ja Appian verſchließt ſich dieſem Gebrauche völlig. Dio Cassius tritt wieder in die Fußſtapfen des Thukydides und findet Genoſſen in Herodian und Zosimus.

2) Über den Gebrauch der einzelnen Präpoſitionsadverbien iſt folgendes zu bemerken:

Von den durch Thukydides eingeführten Präpoſitionsadverbien hat ſich ἕνεκα bei ſämtlichen Hiſtorikern mit Ausnahme Arrians eingebürgert, ἔξω dagegen wurde von XENOPHON, DIODOR, PLUTARCH, APPIAN, HERODIAN und ZOSIMUS zurückgewiefen; μέχρι verfchwindet nach der Zeit des JOSEPHUS.

Das xenophonteifche ἄνευ hielt fich bei Hiftorikern außer ARRIAN, APPIAN, DIO CASSIUS und ZOSIMUS; ἄχρι fand nur bei PLUTARCH Nachahmung, ἐγγύς bei JOSEPHUS, PLUTARCH und ARRIAN.

Das polybifche ἕως τοῦ fand nur bei JOSEPHUS, πλὴν τοῦ nur bei DIO CASSIUS Verwendung; χάριν verfchwindet wieder nach DIONYS und χωρίς ift nur in DIODORS Sprachfchatz eingedrungen.

PLUTARCH, JOSEPHUS, ARRIAN, ZOSIMUS führen Neuerungen ein, fo erfterer δίχα τοῦ, πόρρω τοῦ, das auch bei PLUTARCH, ARRIAN und DIO CASSIUS auftritt. PLUTARCH zieht in feine Diktion ἀποτάτω τοῦ herein, ohne Nachahmung zu finden ARRIAN ἐπίπροσθεν τοῦ, ZOSIMUS ἔμπροσθεν τοῦ.

2) Präpofitionsadverbien mit dem Dativ des Infinitivs.

	HER.	THUK.	XEN.	POL.	DIOD.	DION.	JOS.	PLUT.	ARR.	APP.	D. C.	HER.	ZOS.	Sum.
ἅμα	—	—	1	100	7	26	2	48	—	—	4	12	16	216
			0,076	7,13	0,32	1,85	0,1	2,04			0,26	5,86	9,72	1,4040
ὁμοῦ	—	—	—	—	—	1	—	—	—	—	—	—	—	1
						0,07								0,0065
	—	—	1	100	7	27	2	48	—	—	4	12	16	217
			0,076	7,13	0,32	1,92	0,1	2,04			0,26	5,86	9,72	1,4105

Diefer Gebrauch, von XENOPHON an einer Stelle (Hell. 160,13) eingeführt, wird von POLYBIUS in höchftem Maße nachgeahmt. Doch fchon deffen Nachfolger fagt fich faft gänzlich von diefem Gebrauche los. Als novum bei dem Atticiften DIONYS fteht der relativ häufige Gebrauch gerade diefer Gattung von Präpofitionsadverbien da. Bei JOSEPHUS finden fich diefelben nur an zwei Stellen (ἅμα IV. 148,15, Ἀρχαιολ. und VI. 286,9 Μακκαβ.). PLUTARCH bringt jedoch von neuem diefe Verbindung zu Ehren. ARRIAN und APPIAN entfagen völlig diefem Gebrauche; erft mit DIO CASSIUS beginnt ein neues Aufleben, das fich bei HERODIAN und ZOSIMUS ziemlich entfaltet.

Als zweites novum des DIONYS muß der einzig daſtehende Gebrauch von ὁμοῦ τῷ c. Inf. bezeichnet werden.

Aus dieſen Darlegungen ergeben ſich folgende

Hauptreſultate:

1) Die größte Frequenz zeigt ſich bei POLYBIUS; kein Autor iſt ihm auch nur einigermaßen nahe gekommen, ſondern der ihm zunächſtſtehende XENOPHON erlangt etwa 1/2 polybianiſcher Frequenz. Auf noch tieferer Stufe ſtehen DIODOR, JOSEPHUS, PLUTARCH, DIO CASSIUS, HERODIAN und ZOSIMUS.

2) Der Gebrauch der Präpoſitionen iſt bedeutend größer als der der Präpoſitionsadverbien, denn:

Präpoſitionen : Präpoſitionsadverbien = 3720 : 250.

3) Die Präpoſitionsadverbien ſind beſonders bei POLYBIUS beliebt; ſeine Nachfolger ſagen ſich von dieſer Konſtruktion ſo ziemlich los, ſo daß die Frequenz ſchon von DIODOR an ſehr ſtark ſinkt.

4) Diejenigen Präpoſitionen, welche geeignet ſind, Nebenſätze zu umſchreiben, haben die höchſte Frequenz erreicht, beſonders διὰ τό c. Inf. mit 1343 Fällen, es folgen πρός, ἐπί, εἰς, ἐν, ἐκ, ὑπέρ, περί, μετά, πρό, ὑπέρ u. ſ. w. Bei den Präpoſitionsadverbien ſtehen ἅμα und χάριν an der Spitze.

5) Von POLYBIUS wurden ἕως, πλήν, χάριν und χωρίς, von DIODOR wurden σὺν τῷ, von DIONYS ὁμοῦ τῷ, von JOSEPHUS πόρρω τοῦ, von PLUTARCH ἀποτάτω, ARRIAN ἐπίπροσθεν und von ZOSIMUS ἔμπροσθεν neu eingeführt.

II.

Gebrauchsweiſe der Präpoſitionen und Präpoſitionsadverbien in Verbindung mit dem ſubſtantivierten Infinitiv.

A.

Gebrauch der einzelnen Präpoſitionen und Präpoſitionsadverbien.

Mit Übergehung derjenigen Präpoſitionen und Präpoſitionsadverbien, bei welchen, abgeſehen von der Frequenz, nichts Charakteriſtiſches zu bezeichnen iſt, werde ich nun die einzelnen Präpoſitionen nach dem Prinzipe der Kaſusfunktion behandeln.

1) Präpoſitionen in Verbindung mit dem Genetiv des Infinitivs.

ἀντὶ τοῦ.

Dieſe Präpoſition zeigt den Gang, welchen die allmähliche Entwicklung der präpoſitionalen Infinitivkonſtruktion genommen. Bei Herodot findet er ſich im ganzen fünfmal und zwar dreimal in Verbindung mit dem bloßen Infinitiv:

I. 120 ὅς ἀντὶ μὲν δούλων ἐποίησας ἐλευθέρους Πέρσας εἶναι ἀντὶ δὲ ἄρχεσθαι ὑπ᾽ ἄλλων ἄρχειν ἁπάντων.

II. 80$_7$ παῖδάς τε τοὺς εὐειδεστάτους ἐκλεγόμενοι ἐξέταμνον καὶ ἐποίευν ἀντὶ εἶναι ἐνορχίας εὐνούχους καὶ παρθένους τὰς καλλιστευούσας ἀνασπάστους παρὰ βασιλέα.

II. 219 ἀντὶ μὲν Κρητῶν γενέσθαι Ἰήπυγας Μεσσαπίους, ἀντὶ δὲ εἶναι νησιώτας ἠπειρώτας.

An den beiden andern Stellen verband HERODOT den Infinitiv mit dem Artikel

I. 79 11 ἀντὶ γὰρ τοῦ προσαγορεύειν ἀλλήλους φιλέουσι τοῖσι στόμασι.

I. 167 12 ἀντὶ τοῦ προσαγορεύειν ἀλλήλους ἐν τῇσι ὁδοῖσι προσκυνέουσι.

So ſcheint denn HERODOT zuerſt die Präpoſition zunächſt dem einfachen Infinitiv vorgeſetzt und dann erſt denſelben als wirkliches Subſtantiv nach Präpoſitionen behandelt und mit dem Artikel verbunden zu haben.

Durch Analogie erfolgte dann die Verbindung von περὶ τοῦ c. Inf. I. 356 15.

Dieſem Gebrauche ſchloſſen ſich dann zum Teil die übrigen Hiſtoriker an (cf. Materialienſammlung).

ἀπὸ τοῦ

wird in doppelter Bedeutung angewendet:

1) In übertragener zur Bezeichnung des Urſprungs von Anſchauungen, Stimmungen und Handlungen. THUKYDIDES begründet damit das Anſehen, welches jemand genießt.

I. 83 27 γίγνεται παρ' αὐτῷ μέγας καὶ ὅσος οὐδείς πω Ἑλλήνων διά τε τὴν προυπάρχουσαν ἀξίωσιν καὶ τοῦ Ἑλληνικοῦ ἐλπίδα, ἣν ὑπετίθει αὐτῷ δουλώσειν, μάλιστα δὲ ἀπὸ τοῦ πεῖραν διδοὺς ξυνετὸς φαίνεσθαι.

Da nun hier ἀπὸ τοῦ c. Inf. dem διὰ τὴν ἀξίωσιν entſpricht, ſo wird die kauſale Natur dieſer Verbindung gekennzeichnet.

XENOPHON bezeichnet den Anfangspunkt der Handlung nach ἄρχεσθαι ſcr. min. 232 3 und den Ausgangspunkt einer Erkenntnis γνωρίζειν ſcr. min. 275 8 und Empfindung ἡδονή ἐστι ἀπὸ τοῦ comm. 30 17.

DIODOR bedient ſich dieſer Präpoſition trotz der größeren Frequenz nur in beſchränkter Bedeutung, denn mit Ausnahme einer einzigen Stelle (I. 65 12 τεκμείρεσθαι ἀπὸ τοῦ) gebraucht er dieſe

Verbindung zur Angabe von Etymologieen nach den Verben: ὀνομάζω I. 18_{15}, 340_{24}, $_{29}$, 344_{10}, $_{11}$, $_{17}$, 208_{14}, II. 90_{21}; προσαγορεύεσθαι I. 297_{20}, II. 20_{32}, 80_{28}, 84_{32}; προσηγορία τίθεται I. 314_{3}; λέγεσθαι 18_{18}, $_{19}$; καλεῖσθαι II. 186_{9}.

Dieſe Bedeutung bleibt von nun an maßgebend, ſo bei Dio Cassius und Arrian; nur Plutarch begründet durch die Wendung den Urſprung von δόξα II. 191_{10}, δύναμις III. 15_{7}, 89_{14}, ἰσχύς IV 350_{9}.

2) In lokaler ganz vereinzelt bei Dionys III. 62_{13} ἀπὸ μὲν τοῦ βιάζεσθαι κατέβη, ἐπὶ τὸ διακάζεσθαι δ' ἐτράπετο.

ἀπὸ τοῦ antwortet alſo hier auf die Frage: woher? im Gegenſatz zu ἐπί τό c. Inf., das der Frage: wohin? Genüge thut.

ἐκ τοῦ c. Inf.

antwortet auf die Frage: woher? woraus? und zwar:

1) Im lokalen Sinn nach den Verben der Bewegung. Bei Thukydides freilich kann dieſer Gebrauch durch kein Beiſpiel belegt werden. Doch zeigt ſich die Bedeutung «von einem Orte weg» bei Xenophon, Kyrop. 19_{4} ὡς δ' οὐκ ἀπεδίδρασκεν ἐκ τοῦ ἡττᾶσθαι εἰς τὸ μὴ ποιεῖν, ὃ ἡττῷτο, ἀλλ' ἐκαλινδεῖτο ἐν τῷ πειρᾶσθαι, wo dieſelbe durch die gegenſätzlichen εἰς τό und ἐν τῷ hervorgehoben wird. Scr. min. 256_{7} nach ὁρμᾶν, cf. 203_{10}.

Dieſen lokalen Gebrauch hat Polybius und nach ihm die ſpäteren Hiſtoriker mit Ausnahme des Josephus und Plutarch auf die einzige Wendung ἐκ τοῦ ζῆν beſchränkt, ein Beweis für den Einfluß Polybs und die formelhafte Fixierung polybianiſcher Wendungen. So leſen wir folgende Verbindungen mit ἐκ τοῦ ζῆν:

ἀπαλλάττειν ἑαυτὸν ἐκ τοῦ ζῆν Pol. 1154_{21}; ἀπαλλαγή Jos. I. 90_{32}; ἀπιέναι Jos. II. 271_{31}; ἐξάγειν ἑαυτὸν Pol. 1128_{11}, 1359_{12}, Diod. I. 265_{14}, Dion. II. 42_{7}; προεξάγειν Pol. 1218_{14}; ἐκχωρεῖν Pol. 127_{14}; μεθίστασθαι Pol. 1277_{21}; μεθιστάναι ἑαυτόν Diod. I. 223_{2}, 232_{3}, 410_{22}, 437_{11}, II. 312_{1}, 327_{14}, III. 213_{5}, 373_{10}, 382_{31}, 501_{10}, 509_{10}, V. 52_{1}, 163_{30}, Jos. I. 190_{22}.

Wie bereits erwähnt, schlossen sich PLUTARCH und JOSEPHUS an XENOPHON an. PLUT. I. 171₁₄ ὁρμώμενος ἐκ μόνου τοῦ βούλεσθαι καὶ πιστεύειν; JOS. IV. 13₁₄ καὶ τὸν Ἡρώδην ἐκ τοῦ δοκεῖν κατ' εὔνοιαν τὰ τοιαῦτα λέγειν ὑπαγόμενοι.

2) Im übertragenen Sinne weist ἐκ τοῦ auf die Quelle oder Ursache irgend eines Zustandes oder einer Handlung hin. Aus dieser Bedeutung heraus erklärt sich ganz natürlich, daß diese Verbindung einen Kausalsatz vertritt und bisweilen einem διὰ τό c. Inf. oder Substantiv entspricht.

THUK. II. 188₁₀ καὶ κινδύνων οὗτοι σπανιώτατοι, οἳ ἂν ἐλάχιστα ἐκ τοῦ σφαλῆναι βλάπτοντες πλεῖστα διὰ τὸ εὐτυχῆσαι ὠφελῶσιν. DIOD. II. 440, ZOS. 38₁₁.

So werden durch ἐκ τοῦ c. Inf. begründet:

1) Zustände der Seele, z. B. ἐλπίς DIOD. III. 407₂₃, JOS. III. 228₂; ἡδονή JOS. IV. 99₂₆, 116₁₈; φόβος DIOD. IV. 471₂₄; αὐθαδής DION. IV. 149₁₈; θαρράλεος JOS. V. 243₁₀; εὐδαιμονεῖν JOS. I. 262₁₈; θαρρεῖν JOS. I. 105₃₂.

Zustände des Geistes, z. B. μετάνοια JOS. II. 87₃₀; πολύπειρος DION. II. 431₈. Abstracta allgemeiner Art z. B. ἀσφάλεια JOS. III. 288₇, V. 109₂; δόξα ZOS. 171₂₀.

2) Handlungen, so nach Verben des Erkennens, Gesinntseins, des Nennens bei Etymologieen, des Nützens und Schadens, Verlierens und Erreichens, Gewährens und Anordnens u. s. w.

πρὸ τοῦ c. Inf.

THUKYDIDES gebraucht πρὸ τοῦ in zwei Bedeutungen:

1) In temporaler = «ehe als». I. 272₂₇ κινδύνους ὑφίστασθαι πρὸ τοῦ αὐτίκα ἐλασσοῦσθαι; I. 206₁ καὶ ὅτι ὕστερον ἃ πρὸ τοῦ περιτειχίζεσθαι προείχοντο, cf. II. 61₈.

Seine Nachfolger mit Ausnahme PLUTARCHS und des DIO CASSIUS gebrauchen es nur in diesem Sinne z. B.:

πρὸ τοῦ ἀκοῦσαι XEN. comm. 125₂₂, PLUT. III. 267₂₈;

πρὸ τοῦ ἄρξασθαι τοῦ πολέμου POL. 246₃₀;

πρὸ τοῦ συστήσασθαι τὸν πόλεμον POL. 216₆; πρὸ τοῦ ἐξάγειν τὰ στρατόπεδα POL. 552₂₂; συμμῖξαι DIOD. III. 36₃; συντελέσαι DIOD. I. 96₁₄, IV. 191₁₄; τελευτῆσαι JOS II. 249₂₀, 309₃₀, 319₁₅, D. C. IV. 26₃₀; φέρειν ψῆφον PLUT. II. 377₂₅, III. 248₄.

2) In **komparativer** Bedeutung. THUK. II. 60₁ πρὸ τοῦ τὰ δεινότατα παθεῖν ὑπακοῦσαι ἂν γένοιτο. 61₈ μὴ πᾶν πρὸ τοῦ δουλεῦσαι ἐπεξελθεῖν. Diefe Art des Gebrauchs fand erft bei PLUTARCH und dann bei DIO CASSIUS Nachahmung.

ὑπὲρ τοῦ c. Inf.

Wie fchon erwähnt, eine Neuerung XENOPHONS (scr. min. 120₂₄), bedeutet zweierlei:

1) Das Ziel, in deffen Intereffe jemand eine Handlung vornimmt, fo daß damit leicht ein Finalfatz umfchrieben werden kann. XEN. script. min. 120₂₄ πολῖται δορυφοροῦσιν . . . ὑπὲρ τοῦ μηδένα τῶν πολιτῶν βιαίῳ θανάτῳ ἀποθνήσκειν. POLYBIUS, DIODOR und DIONYS fetzen diefe Verbindung nach den Verben des Strebens, Fürforgens, Ermahnens und Duldens. JOSEPHUS erweitert die Sphäre diefer Präpofition ganz bedeutend; neben der Gebrauchsweife feiner Vorgänger bezeichnet er damit die Abficht auch nach den Verben der Bewegung und des Sendens (z. B. στέλλω IV. 172₂₈; συνιέναι IV. 288₁₆; ἀναχωρεῖν III. 210₇), des Aufwendens (διδόναι χρήματα II. 154₁₅; προςφέρεσθαι οἶνον IV. 322₁₉) und nach fonftigen Ausdrücken (βάλλεσθαι ἀγκύρας IV. 313₂₅; ἐφιστάναι τινὰ ὁδοῖς IV. 327₉, 329₂₆, 349₅; φρουρεῖν ὁδούς IV. 306₈), fo daß hier ohne weiteres ein Finalfatz umfchrieben wird.

PLUTARCH, ARRIAN und DIO CASSIUS kehren wieder zum Gebrauch POLYBS zurück, nicht fo ZOSIMUS (μισθὸν ἀπαιτεῖν 194₁₄, προΐεσθαι τὰ οἰκεῖα 217₁₅).

2) Bei POLYBIUS wird der Begriff diefer Präpofition gefchwächt oder vielmehr verallgemeinert, fo daß ὑπὲρ τοῦ ganz die Bedeutung des latein. de annimmt und fo übergeht in das Gebiet, das der

Präpofition περί eigentümlich ift (cf. KREBS, Präpofitionen bei POLYBIUS, pag. 41). So fteht ὑπὲρ τοῦ c. Inf. nach den Ausdrücken der mündlichen Äußerung (διαβούλιον διδόναι POL. 1129_2; διαλέγεσθαι 964_9; λόγους ποιεῖσθαι 699_{11}, cf. 1114_{17}, 1101_7, 1249_7; ὅρκους ποιεῖσθαι 1139_{30}) und des Zuftandes (ἀδιαφόρως ἔχειν 1139_1). Bei den Nachfolgern POLYBS überwiegt die engere Bedeutung, nur DIONYS — auch hierin im Widerfpruch mit dem attifchen Gebrauch — läßt die allgemeinere, flachere Bedeutung häufiger zu[1] (z. B. DIOD. I. 332_{18} ἀπόδειξιν φέρειν, III. 301_{21} λόγον διελθεῖν; DION. II. 149_4 πίστιν διδόναι, cf. IV. 207_{25}, 174_{19}; JOS. V. 173_5 αἰτιᾶσθαι, II. 226_9 γράμματα δοθῆναι; PLUT. I. 350_{25} διαγορεύω, II. 419_{30} πιστεύειν ἀπίστῳ; ARR. An. 49_{13} συνθέσθαι u. f. w.). Bei ZOSIMUS 157_{20} ift von βουλὴν προτιθέναι ὑπὲρ τοῦ ein indirekter Fragefatz abhängig.

Bei DIODOR II. 179_8 finden wir nach φθόνος, bei JOS. VI. 143_3, V. 297_3 nach φόβος ὑπὲρ τοῦ c. Inf.; hier zeigt fich alfo, daß der einfache Genetiv nicht mehr genügte, die objektive Beziehung auszudrücken, fondern daß ὑπὲρ τοῦ dazu benötigt wurde. Es führte alfo hier Schwächung der Kafusfunktion zur Verwendung des Infinitivs mit Präpofition.

ὑπὸ τοῦ c. Inf.

XENOPHON fetzt bei fieben Beifpielen ὑπὸ τοῦ viermal zum Paffivum: κατέχεσθαι An. 66_4, δυστεθεῖσθαι Kyrop. 62_{24}, ἀπελαύνεσθαι Kyrop. 56_{21}, ἐγείρεσθαι scr. min. 263_9. An den drei andern Stellen hat diefe Verbindung kaufale Bedeutung, Kyrop. 118_{17} ὑπὸ δὲ προθυμίας καὶ μένους καὶ τοῦ σπεύδειν συμμῖξαι δρόμου τινὲς ἦρξαν, cf. Kyrop. 244_6, 265_8.

Die nachfolgenden Hiftoriker gebrauchen fehr felten ὑπό c. Inf. beim Paffiv (es find nur folgende Stellen JOS. III. 167_{20},

[1] Das Verhältnis von der allgemeinen Bedeutung zur engeren ift bei POL. 15 : 9, D. C. 3 : 9, DION. 12 : 5, JOS. 11 : 44, PLUT. 3 : 26, ARR. 1 : 2, HEROD. 0 : 1, ZOSIMUS 0 : 2.

PLUT. IV. 273_{12}, D. C. II. 136_{10}, III. 175_{15}) und ziehen die kausale Verwendung bei weitem vor.

XENOPHON begründet Zustände Kyrop. 265_{8}, 244_{6} und eine Handlung Kyrop. 118_{17}; JOSEPHUS, der ja auch numerisch den Kreis dieser Präposition erweitert, giebt damit auch die Motivierung von Ansichten IV. 107_{27}, 210_{7}, VI. 36_{2}.

PLUTARCH verbindet ἀμελεῖν mit ὑπὸ τοῦ c. Inf. III. 6_{32} ἀμελῶν δὲ τῶν ἰδίων ὑπὸ τοῦ τὰ κοινὰ φροντίζειν. Bei ARRIAN sind folgende Fälle zu verzeichnen: An. 27_{24}, ἡσυχίαν ἄγειν . . ὑπὸ τοῦ ὀκνεῖν, 44_{4} ἀπόμαχον εἶναι ὑπὸ τοῦ, scr. min. 93_{14} οὐκ ἀκριβεῖν τι ὑπὸ τοῦ . . . D. C. II. 74_{11}, I. 50_{21}, 299_{4}. I. 50_{21} entspricht ὑπὸ τοῦ einem διά τό c. Inf.: διὰ δὲ τὸ τὰ κοινὰ ἀεὶ μεθ' ἡμέραν καὶ νύκτωρ ὁμοίως ἐν φροντίδι ποιεῖσθαι καὶ ὑπὸ τοῦ μὴ δύνασθαι . . .

2) Präpositionen in Verbindung mit dem Dativ des Infinitivs.

ἐν τῷ c. Inf.

wird gebraucht:

1) Zeitlich, um das Zusammenfallen zweier Handlungen zu bezeichnen auf die Frage: wann? Diese Bedeutung allein hat THUKYDIDES der Präposition angewiesen I. 98_{5}, 118_{5}, 247_{19}. Die späteren Historiker, APPIAN ausgenommen, gebrauchen die Präposition zwar auch in diesem Sinne, doch tritt im ganzen diese Gebrauchsweise vor den andern zurück.

Auch bei dieser Präposition zeigen sich deutliche Spuren einer formelhaften Anwendung der Infinitivkonstruktion:

ἐν τῷ ζῆν THUK. I. 118_{5}; POL. 593_{21}, 636_{8}, 912_{23}, 607_{4}, 1124_{16}, 734_{7}; DIOD. I. 4_{12}, 29_{1}, 75_{28}, 95_{23}, II. 132_{8}, III. 129_{10}, 310_{23}, 609_{32}, IV. 392_{5}, V. 27_{31}; JOS. V. 152_{31}, VI. 159_{30}. Der Gegensatz wird ausgedrückt durch ἐν τῷ ἀπαλλάττειν JOS. V. 56_{31} oder durch sonstige präpositionale Ausdrücke[1]: ἐν τῷ βαδίζειν POL. I. 151_{26}, II. 204_{30}, III. 354_{7}, V. 67_{24}; δικάζειν PLUT. I. 210_{24},

[1] μετὰ τὴν τελευτήν DIOD. I. 29, 75_{28}, μετὰ τὸν θάνατον DIOD. I. 132_{8}, μετὰ τὴν διάλυσιν JOS. V. 152_{31} } entsprechen einem vorangehenden ἐν τῷ ζῆν.

D. C. IV. 354_{6}; κρατεῖν Diod. IV. 375_{11}, Plut. IV. 91_{21}, V. 164_{25}; λέγειν Plut. I. 216_{24}, 302_{28}, II. 263_{31}, IV. 167_{2}; μάχεσθαι Plut. I. 101_{9}, $103_{28, 29}$, II. 204_{30}; σχολάζειν Plut. I. 157_{3}, II. 15_{5}, 85_{24}; φεύγειν Zos. 38_{19}, 104_{30}.

2) In lokaler Bedeutung, um die Thätigkeit auszudrücken, bei welcher man augenblicklich verharrt. Dieſe Anwendung findet ſich zuerſt bei Xenophon Kyrop. 19_{6} ὡς δ' οὐκ ἀπεδίδρασκεν ἐκ τοῦ ἡττᾶσθαι εἰς τὸ μὴ ποιεῖν ὁ ἡττῷτο, ἀλλ' ἐκαλινδεῖτο ἐν τῷ πειρᾶσθαι αὖθις βέλτιον ποιεῖν, cf. An. 87_{29}. Sehr lehrreich iſt hier der Gegenſatz zwiſchen ἐκ τοῦ c. Inf. und ἐν τῷ c. Inf.; scr. min. 56_{28}, 221_{11}. Bei Diod. nur nach κεῖσθαι I. 5_{29}, IV. 173_{24}. Andere Wendungen ſind Dionys II. 167_{31} ἐν τῷ θαρρεῖν τὸ πιστὸν ἔχοντες, cf. Jos. I. 41_{30}, 215_{30}. Zu dieſer Gebrauchsart iſt wohl auch das bei Jos. I. 3_{17} ſtehende οἱ ἐν τῷ γράφειν (= Schriftſteller) zu ziehen.

3) Übertragen bezeichnet es das begriffliche Zuſammenfallen und zwar giebt es an:

a) Die Funktion eines Begriffes oder einer Thätigkeit, es antwortet auf die Frage: worin? Herod. II. 145_{8} ἐν δὲ τῷ ἐπισχεῖν ἔνεστιν ἀγαθά. Xen. Kyrop. 68_{7} ἡ δ' ἀρετὴ . . . οὐ πάνυ δεινή ἐστιν ἐν τῷ παραυτίκα εἰκῇ συνεπισπᾶσθαι; cf. Kyrop. 59_{27}, scr. min. $118_{15, 16}$. Dieſe Gebrauchsweiſe nimmt von Polyb an immer mehr überhand. Z. B. 62_{15} πρακτικώτατον ἐν τῷ ναυμαχεῖν, 583_{25} κυριώτατον ἡγεῖσθαι ἐν τῷ στρατοπεδεύειν, 672_{17} ἀρετὰς καὶ φιλοτιμίας ἐν τῷ πολεμεῖν.

Sie gewinnt bei Josephus und mehr noch bei Plutarch große Dimenſionen, verliert ſich dann allmählich und verſchwindet völlig bei Herodian; ſo ſteht es nach Abstracta (Jos. I. $208_{3, 4}$ ἀνδρία ἐστὶν ἐν τῷ, cf. III. 105_{3}, $304_{30, 31}$; πειθαρχία . . . II. 28_{2}; ἀρεταὶ καὶ φιλοτιμίαι εἰσὶν ἐν τῷ Pol. 672_{19}, cf. Diod. III. 191_{17}, V. 144_{19}; ἡ ἐν τῷ λέγειν δεινότης Plut. II. 199_{2}, III. 366_{12}; ἀλλὰ πάσας τὰς . . ἐν τῷ πολεμεῖν ἐλπίδας ἐξήλεγξεν Pol. 74_{3}, 141_{4}, 284_{5}, Diod. II. 455_{4}; ἡδονή Dion. II. 106_{26}, Jos. VI. 89_{8}); nach

Adjektiven (δεινός Diod. III. 191$_{20}$, D. C. I. 58$_{7}$; εὔτροχος Plut. I. 304$_{22}$; πολύς Dion. III. 44$_{15}$); nach Verben (ἁμαρτάνω Diod. I. 385$_{5}$; πρωτεύω Diod. IV. 324$_{7}$).

b) Es giebt an, wodurch ein Zuſtand oder eine Handlung bedingt iſt, antwortet alſo auf die Frage: wodurch? So bei Xenophon nach ἀλλοιοῦσθαι Kyrop. 106$_{27}$, παραπίπτειν Kyrop. 46$_{29}$, συνδεῖν Kyrop. 48$_{29}$, ὠφελεῖσθαι Kyrop. 59$_{29}$, script. min. 189$_{2}$; bei Polyb παρέρχεσθαι χρείαν 273$_{17}$, ἀπραγεῖν 390$_{28}$; Diod. πλεονεκτεῖν II. 454$_{1}$; Dion. III. 134$_{10}$ κακόντι γένεται, III. 197$_{16}$ ἐπιβαρεῖσθαι. Von Josephus an findet ἐν τῷ in dieſem Sinne häufiger Verwendung (achtmal) bei Plutarch, cf. V. 296$_{9}$, II. 141$_{11}$, VI. 263$_{6}$, 128$_{12}$ u. a. Von nun an verſchwindet dieſe Gebrauchsweiſe immer mehr, fehlt völlig bei Appian und ſteht bei Zosimus 93$_{1}$, 123$_{22}$.

Eine äußerſt intereſſante Stelle iſt Plut. V. 190$_{28}$ δῆλος ἦν ἐν τῷ μήτε κατέχειν μήτε ἀφιέναι τὴν ἀρχὴν δύνασθαι περιφερόμενος.

σὺν τῷ c. Inf.

findet ſich in der behandelten Litteratur (abgeſehen von Fragmenten[1]) nur zweimal. Eingeführt wird es von Diodor III. 515$_{14}$ διὸ καὶ τὰ καθ' αὑτοὺς ἐπιτρέψαντα ἐτύγχανον εἰρήνης σὺν τῷ ποιεῖν τὸ προσταττόμενον τῷ βασιλεῖ. Plut. IV. 76$_{32}$ καὶ πλῆθος ἐπηκολούθει λέγοντος ἅμα σὺν τῷ βαδίζειν ἀκροώμενον.

3) Präpoſitionen in Verbindung mit dem Akkuſativ des Infinitivs.

εἰς τό c. Inf.

Εἰς τό wird gebraucht:

1) Um die Beziehung einer Handlung zu einem Gegenſtand oder zu einer Thätigkeit auszudrücken. Bei Thukydides findet es ſich in dieſer Bedeutung ſiebenmal: I. 82$_{17}$ καὶ ἅμα αὐτὸς μὲν ἐκείνῳ χρείας τινὸς καὶ οὐκ εἰς τὸ σῶμα σώζεσθαι ἐναντιωθῆναι;

---

[1] σὺν τῷ fand ich bei Dexippus, Frg. 2 x.

I. 34_{2} καὶ συνέβη γενέσθαι . . διάφορα ἐς τὸ πολεμεῖν, cf. I. 82_{17}, 214_{19}, 56_{24}, II. 185_{9}, 258_{32}.

Bei Xenophon hat ſich dieſe Anwendung nur nach Ausdrücken des «Sichauszeichnens» erhalten (διαφέρω Kyrop. 3_{26}, 10_{19}, $_{20}$, scr. min. 67_{5}, Hell. 67_{32}; προέχω scr. min. 238_{23}); ſie beſchränkt ſich auf folgende Fälle bei Polybius 386_{12}, $_{14}$ συνεφρόνησαν ἀλλήλοις εἰς τὸ τὰς κοινὰς εἰςφορὰς τοῖς Ἀχαίοις μὴ τελεῖν, ἰδίᾳ δὲ συστήσασθαι . . . 675_{23}, 1159_{29}. Bei Diodor ſteht ſo εἰς τό nach προαίρεσις III. 20_{7} und δεινός II. 46_{14}, $_{15}$.

Dionys vermeidet dieſen Gebrauch ganz; bei Josephus tritt derſelbe wieder hervor nach ἀνήκεστος IV. 163_{6}, προλαμβάνειν IV. 183_{3} und διαφέρω VI. 165_{13}, $_{14}$; ferner findet ſich bei ihm eine Neuerung: εἰς τό umſchreibt einen Gen. obi. nach ἐλπίς, III. 302_{30}, 306_{15} (εἰς τὸ νικᾶν), V. 358_{6} (εἰς τὸ κρατεῖν), desgleichen Dio Cassius II. 48_{5}.

Die ſpäteren Hiſtoriker bezeichnen mit εἰς τό ſehr gern die Beziehung, z. B. Arrian nach:

ἀγχέμαχος } scr. 31_{19}.
ἄφοβος }
ὀξύς An. 294_{5} u. a.
Herodot γενναῖος 158_{28}.

ἀξιόμαχος An. 219_{18}.
ἀφύλακτος An. 40_{32}.
Plut. II. 254_{14} ἐμποδών.
D. C. II. 209_{1} ὑπερβάλλω.

2) Es antwortet auf die Frage: wohin? nach den Verben der Bewegung und ähnlichen, zeigt alſo noch die lokale Bedeutung.

Mit Ausnahme des Thukydides und Dio Cassius treffen wir εἰς τό in dieſem Sinne bei ſämtlichen behandelten Hiſtorikern, wenn auch nur bei Xenophon und Plutarch ſich hierfür eine gewiſſe Vorliebe zeigt. Beſonders intereſſant ſind drei Beiſpiele bei Xenophon, da dem εἰς τό ein ἐκ τοῦ, an einer Stelle auch noch ein ἐν τῷ gegenüberſteht. Kyrop. 223_{15} ἀπάγων ἡμᾶς κατὰ μικρὸν ἔκ τε τοῦ χειμῶνος εἰς τὸ ἀνέχεσθαι ἰσχυρὰ θάλπη. 19_{4} ὡς δ' οὐκ ἀπεδίδρασκεν ἐκ τοῦ ἡττᾶσθαι εἰς τὸ μὴ ποιεῖν ὃ ἡττῷτο, ἀλλ' ἐκαλινδεῖτο ἐν τῷ . . Hell. 142_{29} μετέστησε δὲ ἐξ ὀλιγαρχίας εἰς τὸ δημοκρατεῖσθαι.

Die einzige Stelle bei Herodot lautet: I. 123$_{4}$ ὅτι οὐκ ἵκετο ἐς τὸ τυθῆναι, und bei Polybius 170$_{29}$ παραστήσασθαι τοὺς ἀκούοντας εἰς τὸ μᾶλλον αὐτῷ συναγανακτεῖν. Lokale Bedeutung zeigt ſich ganz deutlich Diod. III. 393$_{12}$ μὴ συγκαταβαίνειν εἰς τὸ διὰ μάχης κρίνειν τὸν πόλεμον. Nach ἀνακεῖσθαι leſen wir es Jos. IV. 135$_{21}$. Am klarſten tritt dieſe Bedeutung hervor bei Plutarch nach folgenden Verben: ἀφικέσθαι V. 118$_{26}$; ἐλθεῖν V. 73$_{10}$; προσελθεῖν II. 241$_{10}$, III. 327$_{1}$; ἥκειν I. 377$_{25}$, IV. 36$_{28}$; ῥέπειν IV. 323$_{14}$; παραγίγνεσθαι III. 324$_{30}$ u. a. Zosimus τραπῆναι 17$_{19}$, 28$_{24}$, 270$_{15}$, 291$_{7}$.

Dionys wendet an zwei Stellen εἰς τό in ganz ſingulärer Weiſe an IV. 75$_{10}$ εἰς ἀμφότερα καὶ τὸ συγχωρεῖν καὶ τὸ κωλύειν φέροντες λόγοι; I. 152$_{20}$ τῆς δὲ ἁρπαγῆς τὴν αἰτίαν οἱ μὲν εἰς σπάνιν γυναικῶν ἀναφέρουσιν, οἱ δὲ εἰς ἀφορμὴν πολέμου, οἱ δὲ . . εἰς τὸ συνάψαι φιλότητα.

Bemerkenswert iſt Zosimus 27$_{6}$ καὶ πάσης τῆς ὑπὸ Ῥωμαίους ἀρχῆς ἐς τὸ μηκέτι λοιπὸν εἶναι σαλευομένης.

3) εἰς τό antwortet auf die Frage: wozu? und zwar erſtens nach Ausdrücken des Zuſtandes, um die Funktion der Eigenſchaft zu geben, und zweitens, um das Ziel von Handlungen zu kennzeichnen. Daß hierin die Bedeutung des Finalen ſehr oft hervortritt, iſt klar. Daher kommt es, daß εἰς τό namentlich bei den ſpäteren Hiſtorikern angewendet wurde, um einen reinen Finalſatz zu umſchreiben, wobei die urſprüngliche Bedeutung von εἰς τό kaum oder nur noch wenig herausgefühlt wird.

Bei Herodot findet ſich nur die erſte Bedeutung (I. 123$_{4}$), bei Thukydides überwiegt dieſelbe (8 : 5); doch ſchon von Xenophon an tritt ſie zurück und die des Zweckes und mehr noch die der Abſicht hervor. So ſteht εἰς τό nach:

Abstracta: z. B. δύναμις Thuk. I. 120$_{14}$, Pol. 558$_{4}$; καιρός Xen. An. 181$_{13}$, Pol. 746$_{28}$, 795$_{12}$, 798$_{13}$, App. (Pun. 8$_{62}$) 246$_{5}$, D. C. II. 226$_{17}$, Herod. 145$_{13}$; μηχάνημα Jos. II. 109$_{22}$,

Arr. An. 258_{14}; προθυμία Thuk. II. 198_{39}, Diod. IV. 245_{30}, Herodian 41_{12}, 150_{14}; σπουδή Pol. 471_{2}, 490_{1}, 1010_{4}.

Adjectiven: ἀγαθός Xen. Kyrop. 60_{4}, $279_{1,2}$, Arr. scr. min. 65_{2}, 74_{12}; ἀργός Thuk. II. 187_{16}, D. C. II. 415_{12}; ἐπιρρεπής Zos. 14_{21}; ἐπιτήδειος Xen. comm. 60_{12}, Arr. An. 266_{23}, D. C. III. 134_{4}, Zos. 105_{14}; θαρράλεος Dion. III. 161_{27}, Arr. An. 52_{32}; ἱκανός Xen. scr. min. 76_{14}, 161_{17}, Pol. 681_{24}, 840_{1}, Diod. III. 610_{20}, Zos. 256_{20}; πρόθυμος Xen. Kyrop. 26_{12}, Pol. 1107_{2}, Diod. IV. 36_{6}, Herodian 158_{28} u. a.

Verben, und zwar des Veranlassens: ἀναγκάζω Thuk. I. 15_{4}; ἀφορμὰς διδόναι (λαβεῖν, πραγματεύεσθαι) Polybius 1184_{4}, 985_{22}, 249_{1}, Josephus II. 227_{24}; ὁρμᾶν Xenophon Anab. 32_{24}, Diodorus IV. 36_{24}, Josephus IV. 134_{22}; παρορμᾶσθαι Xenophon scr. min. 18_{12}, Pol. 1159_{7}; προκαλεῖσθαι Pol. 694_{14}, Jos. I. 41_{26}, προτρέπεσθαι, Diod. III. 279_{7}, Jos. V. 180_{9}, Zos. 196_{5} u. a. — des Strebens: θηρᾶσθαι Jos. I. 72_{30}; φιλοτιμεῖσθαι Jos. IV. 97_{9}; σπουδὴν ποεῖσθαι Pol. 471_{2}, 490_{6}, 1010_{4}; σπ. εἰςφέρεσθαι Diod. V. 47_{24}. — des Darreichens und Gewährens: διδόναι ἄνεσιν Her. 15_{20}; — ἀναστροφήν Pol. 387_{18}, 77_{13}; — ἀφορμάς Pol. 985_{22}, 249_{1}; — καιρόν Pol. 746_{28}, 795_{12}, D. C. II. 226_{17}; — χρόνον Diod. III. 391_{6}, IV. 39_{28}; παραδιδόναι καιρόν Pol. 798_{13}; παρέχειν Pol. 316_{10}, 59_{31}, Jos. I. 182_{23}, Plut. I. 275_{32}, IV. 198_{21}, Arr. scr. min. 59_{24}, D. C. I. 370, II. 254_{18} u. a. med. Dion. II. 301_{3}, III. 186_{11}; παραδίδοσθαι χρήματα Pol. 639_{13}; συνεπιδιδόναι χρήματα Pol. 1278_{15}. — des Nützens und Helfens: συμφέρειν Xen. scr. min. 94_{14}, Dion. IV. 50_{5}; συνωφελεῖν Xen. Anab. 83_{23}, scr. min. 8_{14}; συλλαμβάνειν Xen. Kyrop. 44_{8}, Dion. III. 192_{10}, D. C. I. 20_{5}; συμβάλλεσθαι Thuk. I. 191_{8}, Xen. Hell. 97_{4}, Kyrop. 6_{18}, 210_{30} u. a. — des Nehmens, Erreichens, Bedürfens, Bittens u. a.: λαβεῖν καιρόν Pol. 684_{5}, 753_{29}, 759_{15}; — ἀφορμάς Pol. 985_{22}, 249_{1}; αἰτεῖσθαι χρόνον Diod. II. 185_{9}; χρῆσθαι Arr. An. 3_{2}, Xen. Kyrop. 332_{31}; ἀρκεῖν Xen. Kyrop. 289_{13}, comm. 74_{3}, Zos. $118_{1,2}$, 233_{18}; ἐπαρκεῖν Zos. 268_{2} u. a. — des Anordnens,

Rüſtens u. a.: ἀποδεικνύναι Jos. II. 33$_{9}$, 171$_{20}$; ἐπιλέγεσθαι Herod. 66$_{15}$; παρασκευάζω Xen. Kyrop. 286$_{18}$, Jos. II. 172$_{16}$; μηχανᾶσθαι Arr. An. 258$_{14}$; παρασκευάζω Pol. 1376$_{6}$; συμπαιδεύειν scr. min. 19$_{10}$; συσκευάζω Xen. Hell. 162$_{13}$ u. a.

Ganz ſingulär iſt ſolgende, durch drei Stellen belegte Ausdrucksweiſe des Zosimus: 8$_{3}$ τῆς δὲ γερουσίας εἰς τὸ διασκοπῆσαι τίνι δέοι παραδοῦναι τὴν ἀρχὴν ἀναβαλλομένης; 43$_{18}$ τοῦ δὲ εἰς τὸ διασκέπτεσθαι τὸ πρακτέον ἀναβαλλομένου; 212$_{15}$ τοῦ δὲ βασιλέως εἰς τὸ διασκέψασθαι καὶ προσηκόντως ἀποκρίνασθαι τοῖς πρέσβεσιν ἀναβαλλομένου.

Den rein finalen Gebrauch mögen folgende Beiſpiele illuſtrieren: Thuk. I. 11$_{5}$, Xen. An. 244$_{23}$, Kyrop. 209$_{17}$, scr. min. 17$_{10}$, Pol. 180$_{24}$ u. a., Diod. I. 152$_{20}$, II. 125$_{18}$, Jos. III. 160$_{10}$, Arr. An. 86$_{5}$, 298$_{25}$ u. a., App. 1130$_{1}$, 244$_{15}$, D. C. III. 352$_{26}$, Her. 48$_{20}$, Zos. 2$_{1}$.

κατὰ τό c. Inf.

hat die Bedeutung von «in Bezug auf». Es findet ſich an folgenden Stellen: Thuk. I. 151$_{18}$ φόβον παρέχετε πιστότερον κατά τε τὸ προνενικηκέναι καὶ ὅτι οὐκ ἂν ἡγῶνται . . ., hier entſpricht es alſo einem Kauſalſatz; II. 185$_{9}$ ἐθαυμάζεσθε οὐκ ἔλασσον κατὰ τὸ ὠφελεῖσθαι ἔς τε τὸ φοβερὸν τοῖς ὑπηκόοις καὶ τὸ μὴ ἀδικεῖσθαι πολὺ πλέον μετείχετε; cf. I. 137$_{29}$, 158$_{12}$, Diod. II. 133$_{24}$, Jos. IV. 151$_{5}$.

παρὰ τό c. Inf.

wird von Thukydides in zweifacher Weiſe gebraucht I. 26$_{30}$ = «in Vergleich mit», «außer»: καὶ ἐν καιροῖς τοιούτοις ἐγένετο οἷς μάλιστα ἄνθρωποι ἐπ' ἐχθροὺς τοὺς σφετέρους ἰόντες τῶν πάντων ἀπερίοπτοί εἰσιν παρὰ τὸ νικᾶν. Dieſer Gebrauch findet nur bei Dionys Nachahmung I. 170$_{2}$ καὶ οὐδενὸς τῶν ἀνηκέστων ἀπεχόμενοι παρὰ τὸ νικᾶν; II. 206$_{9}$ πρόνοιαν οὐδεμίαν τῆς ἑαυτοῦ ψυχῆς παρὰ τὸ νικᾶν ποιούμενος.

Zweitens hat es die Bedeutung von «wider» I. 47$_{13}$ ἤν τι παρὰ τὸ μὴ οἴεσθαι χρῆναι ἢ γνώμῃ ἢ δυνάμει . . . ἐλλασσωθῶσιν. Dieſe Bedeutung bleibt auf Thukydides beſchränkt, Polybius jedoch führt eine dritte ein, indem er damit die Urſache oder den Urſprung einer Handlung bezeichnet und zwar beim Paſſiv 1209$_{20}$ καὶ τὴν ὅλην Αἴγυπτον παρὰ τοῦτο πάλιν ὀρθωθῆναι, παρὰ τὸ φθάσαι κριθέντα τὰ κατὰ τὸν Περσέα πράγματα. Ihm ſchließt ſich — im Gegenſatz zu den Attikern — DIONYS an I. 120$_{18}$ οὐδ' αὖ παρὰ τὸ μὴ τυχεῖν τινα κατασκευῆς ἰδίας καὶ δημοσίας πολυτελοῦς κεκωλῦσθαι; IV. 244$_{10}$ ἐμοὶ γὰρ οὐδεμία πώποτε κακοδαιμονίας αἴσθησις παρὰ τὸ μὴ πολλὰ κεκτῆσθαι γέγονεν.

Bei den Nachfolgern des DIONYS hat παρὰ τό nur dieſe Bedeutung JOS. II. 115$_{2}$, V. 156$_{18}$, APP. 88$_{15}$. DIO CASS. bedient ſich dieſer Präpoſition ſogar bei der Etymologie I. 8$_{2}$ συστήματα παρὰ τὸ τοὺς φρατριάζοντας φράζειν ἢ φαίνειν.

4) Präpoſitionen in Verbindung mit dem Genetiv und Akkuſativ des Infinitivs.

διά c. Inf.

I. Mit dem Genetiv. XEN. An. 68$_{2}$ ἐπὶ δὲ τὸ κατεργάζεσθαι ὧν ἐπιθυμοίη συντομωτάτην ᾤετο ὁδὸν εἶναι διὰ τοῦ ἐπιορκεῖν τε καὶ ψεύδεσθαι καὶ ἐξαπατᾶν hat διὰ τοῦ die Bedeutung von «durch — hindurch», wobei der Gegenſatz, d. h. die Richtung oder das Ziel, durch ἐπὶ τό c. Inf. gegeben wird.

An der andern Stelle bedeutet διὰ τοῦ «vermittelſt» und vertritt den Dativus instrumenti, Kyrop. 65$_{14}$ νόμοι γε πολίτας διὰ τοῦ κλάοντας καθίζειν εἰς δικαιοσύνην προτρέπουσιν, cf. comm. 7$_{12}$. Dieſe inſtrumentale Anwendung allein findet ſich bei JOS. II. 89$_{13}$ ὡς διὰ τοῦ ταύτην ἑλεῖν εὐθὺς ἐμφανίζων, τὴν ἰσχύν, IV. 60$_{9}$, 111$_{13}$, VI. 208$_{8}$, 209$_{4}$; PLUT. II. 41$_{24}$, IV. 107$_{27}$ V. 169$_{21}$; D. C. I. 27$_{6}$, 217$_{25}$.

II. Mit dem Akkuſativ. Daß διὰ τό von ſämtlichen Präpoſitionsadverbien am häufigſten angewendet wird, habe ich bereits pag. 8 erwähnt. Schon bei THUKYDIDES finden ſich 65 Fälle, und dieſe Frequenz ſteigt bis zu POLYBIUS; von dieſem Autor an folgt allmähliches Sinken.

Hierin ſtehen die Atticiſten im Gegenſatz zu den Attikern, indem ſie ſich auch von dieſer Verbindung losſagen; auffallenderweiſe ſchließt ſich ihnen Herodian an.

Dieſe Verbindung erſetzt durchweg einen Kauſalſatz[1].

μετά c. Inf.

I. Mit dem Genetiv: bezeichnet bei Thukydides

1) die begleitenden Umſtände. I. 4_{20} ἐγυμνώθησάν τε πρῶτον καὶ ἐς τὸ φανερὸν ἀποδύντες λίπα μετὰ τοῦ γυμνάζεσθαι ἠλείψαντο. I. 118_{8} ἀλγεινοτέρα γὰρ ἀνδρί γε φρόνημα ἔχοντι ἡ μετὰ τοῦ μαλακισθῆναι κάκωσις ἢ ὁ μετὰ . . . ῥώμης θάνατος. Die gleiche Anwendung findet ſich Jos. I. 228_{12}, VI. $38_{4, 8}$.

2) An der dritten Stelle nimmt μετὰ τοῦ die Bedeutung von πρὸς τῷ an, d. h. die addierende. II. 119_{20} οἱ δὲ στρατηγοὶ τῶν Συρακοσίων μετὰ τοῦ καὶ ἐς τὰ ἄλλα θαρσεῖν καὶ εἶναι ἐν διανοίᾳ . . . Desgl. Dionys. III. 142_{26} μετὰ τοῦ σῶσαι πολλὰς καὶ καλὰς προθέντας εὐεργεσίας. Jos. I. 115_{25}, IV. 3_{5}, V. 6_{5}. Dieſelbe Funktion liegt wohl auch vor Zos. 213_{21} ἔξω δὲ πάσης κακοηθείας ἀνὴρ μετὰ τοῦ καὶ τὰ πολεμικὰ πεπαιδεῦσθαι.

3) Eine dritte Gebrauchsweiſe findet μετὰ τοῦ bei Dion. III. $273_{27, 28}$, wo es = dat. instrum.: εἰ δὲ ἀδύνατοι ἦτε κατασχεῖν ἀσύμφορον ἐπιθυμίαν λογισμῷ σώφρονι μετὰ τοῦ πείθειν τῶν αὐτῶν τυγχάνειν, ἀλλὰ μὴ μετὰ τοῦ βιάζεσθαι; ebenſo bei Jos. IV. 4_{15}, Zos. 12_{2}.

II. Mit dem Akkuſativ wird es bei Herodot I. 80_{6} ἀνδραγαθίη δὲ αὕτη ἀποδέδεκται μετὰ τὸ μάχεσθαι εἶναι ἀγαθόν angewendet, um eine Reihenfolge oder Rangſtufe zu bezeichnen.

An der zweiten Stelle II. 97_{20} und bei den übrigen Hiſtorikern wird es durchweg in temporaler Bedeutung gebraucht, alſo = tem-

[1] Pol. 872_{11} leſen wir: διὰ τὸ τοὺς Νομάδας, ὡς ἀρτίως εἶπον μὴ διὰ ξύλων μηδὲ διὰ γῆς, ἁπλῶς δὲ κάνναις καὶ καλάμοις χρῆσθαι πρὸς τὰς σκηνοποιίας. Μὴ διὰ ξύλων μηδὲ διὰ γῆς ergeben ein Anakoluth und ſind ſicher nach 871_{10} interpoliert und zwar ungeſchickt, weil ſie der angeführten Stelle widerſprechen. Ganz unwahrſcheinlich iſt die Auffaſſung von Kreds, Präp. d. f. bei Polyb, p. 67, Anm. 2.

poraler Nebensatz, z. B. μετὰ τὸ ἀπαλλαγῆναι D. C. III. 214_{32}; ἀναιρεθῆναι Jos. VI. 196_{25}; μετὰ τὸ ἀποθανεῖν Diod. V. 114_{3}; ἐξελθεῖν Jos. V. 64_{31}, VI. 188_{3}, 226_{28}; τὸ θέσθαι συμμαχίαν Pol. 896_{25}; ποιήσασθαι σύνθεσιν Diod. V. 167_{2}; συντελεσθῆναι συνθήκας Pol. 1089_{2}, cf. 1128_{32}, 884_{33}, 917_{2}, 938_{19}, 1089_{13}; κρατῆσαι Dion. IV. 21_{30}, Jos. III. 59_{15}; νικῆσαι Pol. 753_{28}, 1283_{24}, 933_{18}.

περί c. Inf.

I. Mit dem Genetiv bezeichnet es zweierlei:

1) Die Sache, über die man sich äußert. Diese Anwendung ist die bei allen Schriftstellern üblichere. Es steht so nach den Ausdrücken der Äußerung: z. B. βουλὴν προτιθέναι Diod. II. 386_{25}, Zos. 253_{12}; ἔμφασιν ποιεῖν Pol. 1350_{14}; λόγος Pol. 1114_{19}, Dion. III. 301_{22}; λόγον ποιεῖσθαι Thuk. I. 23_{29}, II. 239_{5}; ἐν λόγῳ διελθεῖν Thuk. I. 274_{22}; μνήμην ποιεῖσθαι Pol. 111_{18}; βουλεύεσθαι Xen. Kyrop. 204_{4}, Pol. 21_{24}, 765_{15}, 1360_{9}; διαλέγεσθαι Pol. 1174_{8}, Dion. IV. 115_{26}, Jos. 116_{8} u. a. ὅρκους ἐπαγαγεῖν Zos. 51_{22}; ὀνειδίζω Herodot I. 356_{15}.

Der geistigen Thätigkeit: γνώμην ἔχειν Thuk. I. 125_{3}; ἐλπίς Dion. I. 168_{11}; πίστις Dion. II. 313_{26}; ὑπολαμβάνω Dion. IV. $244_{5,6}$ u. a.

Des Zustandes: ὁρμή Pol. 874_{9}; προθυμία Pol. 874_{9}; διαφέρεσθαι Dion. I. 5_{6}; ἐναντιωθῆναι Plut. IV. 399_{4}; ἐξαπατᾶν Thuk. II. 32_{30}; παρασιωπᾶν Diod. IV. 399_{3}.

2) Die Bedeutung hat sich verdichtet zu der von ὑπὲρ τοῦ = «im Interesse», «für», so daß diese Infinitivkonstruktion oft einem Finalsatz entspricht. Diese Verwendung findet sich nur bei den fünf ersten Historikern nach Herodot; Thuk. II. 90_{3} δῆλον ποιῆσαι αὐτοῖς ὅτι οὐ περὶ τῆς Σικελίας πρότερον ἔσται ἀγὼν ἢ τοῦ ἐκείνους περαιωθῆναι τὸν Ἰόνιον. Besonders deutlich tritt diese Funktion II. 178_{33} hervor, wo περὶ τοῦ c. Inf. direkt einem ὅπως c. Conj. entspricht: οὐ γὰρ περὶ τοῦ αὐτοὶ σωθῆναι μόνον ἔτι τὴν ἐπιμέλειαν ἐποιοῦντο, ἀλλὰ καὶ ὅπως ἐκείνους κωλύσωσιν.

So ſteht περὶ τοῦ nach den Ausdrücken des Strebens und Beſorgtſeins: ἀγών THUK. II. 90_{3}, DIOD. II. 407_{14}, III. 291_{26}, DION. II. 305_{25}, III. 21_{23}; ἀγωνίζεσθαι XEN. An. 77_{19}; ἐπιμέλειαν ἔχειν POL. 401_{14}; ποιεῖσθαι THUK. II. 178_{32}; πρόνοιαν ποιεῖσθαι POL. 805_{7}, DION. IV. 134_{5}; σπουδὴν ποιεῖσθαι POL. 782_{16}, 853_{7}; διανοεῖσθαι POL. 1360_{10}; σπουδάζειν POL. 1090_{2}; φροντίζειν POL. 640_{27}, 1135_{3} u. a. Rein finale Bedeutung liegt bei den Fällen vor, wo wir kein Verbum des Sorgens vorfinden: διαμάχεσθαι DION. II. 66_{24}; ἥκειν POL. 1169_{1}; λαβεῖν χρήματα DION. II. 523_{7}; ποιεῖν XEN. An. 224_{13}.

II. Mit dem Akkuſativ wird bezeichnet:

1) Die Beziehung. DIOD. II. 91_{11} τῶν πρὸ τοῦ πάντων ὀλιγώρως ἐχόντων περὶ τὸ σωρεύειν καὶ τηρεῖν ἐπιμελῶς χρημάτων πλῆθος; DION. IV. 249_{26}, III. 172_{11}, PLUT. V. 108_{8}; JOS. II. 275_{24} τοῦ περὶ τὸ ζῆν δέους; D. C. II. 416_{9} ἀποδιατρίβειν.

2) Der Gegenſtand, womit man ſich beſchäftigt, bei POLYBIUS nur nach γίνεσθαι 50_{19}, 77_{0}, 876_{23}, 1023_{1}, 1051_{9}, 1069_{28}, 1351_{14} (daher iſt auch 1090_{2} τοῦ gegen NOBER und KREBS, Präpoſ. b. POL., 102 Anm. 2 zu halten, cf. 782_{16}, 853_{7}) bei D. C. IV. 178_{12}, nach ἀσχολεῖν.

5) Präpoſitionen in Verbindung mit dem Dativ und Akkuſativ des Infinitivs.

ἐπί c. Inf.

I. Mit dem Dativ dient es dazu:

1) Den Zweck einer Handlung zu bezeichnen; es vertritt alſo einen Finalſatz. In dieſer Bedeutung findet es ſich faſt ausſchließlich bei THUKYDIDES, und zwar mit Ausnahme eines Falles ſämtlich in den Reden des I. Buches nach folgenden Verben: ἐκπέμπω I. 22_{4}, 24_{31}; κατοικίζω I. 24_{23}; λέγω I. 189_{7}; φύειν I. 42_{26}; βοηθεῖν I. 45_{23}; δαπανεῖν I. 72_{23}, $_{25}$. Bei XENOPHON begegnet uns dieſe Funktion dreimal: Hell. 268_{32} ὡς ἐπὶ τῷ κακόν τι ἐργάζεσθαι ἡμᾶς στρατεύειν παρασκευάζονται; Kyrop. 153_{23}; Comm. 50_{15} ὥςπερ εἰ τὼ χεῖρας ἃς ὁ θεὸς ἐπὶ τῷ συλλαμβάνειν ἀλλήλοιν ἐποίησεν ἀφεμένω τούτου τράποιντο πρὸς τὸ διακωλύειν ἀλλήλοιν.

Bei Polybius haben wir für dieſe Bedeutung nur ein ſicheres Beiſpiel in den fünf erſten Büchern, 55_{9} οἱ γὰρ ἀρχῆθεν ἐπ' αὐτῷ τούτῳ παρ' ἀμφοῖν ταχθέντες, οἱ μὲν ἐπὶ τῷ τρέψασθαι τοὺς ἐπὶ τῶν ἔργων, οἱ δ' ἐπὶ τῷ μὴ προέσθαι ταῦτα. Daß hier mit A[2]R an erſter und A[1]R an zweiter Stelle des Dativs zu halten iſt, bezeugt das ἐπ' αὐτῷ τούτῳ und ferner der Umſtand, daß der Akkuſativ in finaler Bedeutung nur nach den Verben des Sendens ſteht, cf. Krebs, Präpoſ. b. Polyb, pag. 95 und dieſe Arbeit pag. 32.

1346_{16} iſt überliefert ἔδωκε τὰς ἐντολὰς διασπάσαι τὸ ἔθνος, ἀλλὰ πτοῆσαι καὶ καταπλήξασθαι βουλομένη.

Nach ἐντολὰς οὐ add. Ur., οὐκ ἐπὶ τῷ add. Hu. Ich kann dieſem Emendationsverſuche Hultschs nicht beiſtimmen aus obigem Grunde; ferner genügt die leichtere Änderung des Ursinus dem Sinn.

An einer dritten Stelle 1387_{3} iſt ebenfalls ἐπὶ τῷ überliefert: ἐπίνειον ἐποίησαν ἐπὶ τῷ προκαθίσαντας ἐπὶ τῆς διαβάσεως διαφυλάξαι τοὺς συμμάχους. Fernere Beiſpiele bieten Diod. V. 126_{13}, Dion. III. 30_{31}, $_{32}$, 29_{18}, II. 307_{14}.

Josephus bringt dieſe Verbindung häufig in Anwendung; die finale Kraft tritt hier beſonders deutlich hervor; I. 79_{28} entſpricht ἐπὶ τῷ c. Inf. einem Finalſatz mit ὅπως: ὁ μέντοι θεὸς οὐκ ἐπὶ τῷ λυπεῖν τὰ μέλλοντα τοῖς ἀνθρώποις προδείκνυσιν, ἀλλ' ὅπως προεγνωκότες κουφοτέρας συνέσει ποιῶνται τὰς πείρας. IV. 64_{32} einem πρὸς τό: ἀλλ' οὐδὲν ἐπὶ τῷ μὴ κατανοεῖσθαί πονηρὸν ὄντα ἦν ἡ ἐπιγαμία τεῖχος, ὥςπερ οὐδ' ἡ πρότερον συγγένεια πρὸς τὸ οὐ μεμισῆσθαι. Ferner ſind folgende zwei Stellen eigentümlich: IV. 154_{2} ὑποδιδοῖεν τῆς σπουδῆς τῆς ἐπὶ τῷ λαμβάνειν = gen. obiect. IV. 102_{2} ὑποσχέσεσι Σαλώμης ἠρμένος ἐπὶ τῷ ἄρξειν.

Plutarch hält ſich auf annähernd gleicher Stufe wie Josephus, und von den 14 Beiſpielen genüge folgendes wegen des Zuſammenfallens von ἐπὶ τῷ und ὑπὲρ τοῦ: I. 149_{21} οὔτε γὰρ Νομᾶς διὰ δειλίας κατέλυσε τὸ πολεμεῖν, ἀλλ' ἐπὶ τῷ μὴ ἀδικεῖν οὐδὲ Λυκοῦργος εἰς ἀδικίαν κατεσκεύασε πολεμικούς, ἀλλ' ὑπὲρ τοῦ μὴ ἀδικεῖσθαι.

Bei ARRIAN antwortet diefe Verbindung auf die Frage: wohin? ARR. An. 42_2 ἐκδρομὴ γίνεται; An. $157_{14, 15}$, 321_{28}, 322_2, σταλῆναι; scr. min. 68_{32} ἐξάγω τὰς κύνας. Nichts Befonderes bieten APPIAN und DIO CASSIUS.

2) Die Bedingung, unter der eine Handlung in Angriff genommen werden kann. Diefe Bedeutung findet fich bei XENOPHON einmal comm. 106_{10}, bei POLYBIUS und ARRIAN nie, je einmal bei THUKYDIDES und DIODOR, dreimal bei DIONYSIUS, neunmal bei PLUTARCH und achtmal bei D. C. DION. IV. 29_5 entfpricht es einem ἐφ' ᾧτε und einem ἐπὶ τούτοις.

3) Den Grund einer Handlung anzugeben wie bei THUKYDIDES, häufiger bei XENOPHON; es erreicht feine höchfte Stufe bei POLYBIUS und erhält fich bei DIODOR, DIONYSIUS und befonders bei JOSEPHUS; von nun an beginnt es jedoch allmählich zu fchwinden.

XENOPHON bezeichnet damit die Urfache von Affekten nach den Verben ἀγάλλεσθαι, ἐπαγάλλεσθαι, θαυμάζειν, μεγαλύνεσθαι, μεγαφρονεῖν. POLYBIUS, der diefe Gebrauchsweife in bedeutend erhöhter Frequenz zuläßt, erweitert die Sphäre diefer Präpofition und giebt damit den Grund eines Lobes oder Tadels. Diefe Grenzen werden von DIODOR und DIONYSIUS eingehalten. JOSEPHUS jedoch und ebenfo PLUTARCH, APPIAN, DIO CASSIUS und ZOSIMUS laffen diefe Verbindung auch nach andern Ausdrücken zu, fo daß ἐπὶ τῷ c. Inf. fchließlich für jeden Kaufalfatz ftehen kann. An einer Stelle PLUTARCHS, wo eine Etymologie gegeben wird, entfpricht ἐπὶ τῷ geradewegs einem kaufalen ὅτι; III. 201_2 Οὐαλέριον μὲν ἐπὶ τῷ διαλλάξαι στασιάζουσαν αὐτῷ τὴν σύγκλητον, Φάβιον δὲ 'Ροῦλλον ὅτι πλουσίους τινὰς ἐξ ἀπελευθέρων γεγονότας . . . ἐξέβαλεν.

Bemerkenswert find die Fälle, wo ἐπὶ τῷ c. Inf. Abstracta begründet. DION. II. 72_{10}, JOS. IV. 154_2, PLUT. 221_{30}.

II. Mit dem Akkufativ:

Bei THUKYDIDES I. 132_{10} ὁπότε γοῦν αἴσθοιντό τι αὐτοὺς παρὰ καιρὸν ὕβρει θαρσοῦντας, λέγων κατέπλησσεν ἐπὶ τὸ φοβεῖσθαι καὶ δεδιότας αὖ ἀλόγως ἀντικαθίστη πάλιν ἐπὶ τὸ θαρσεῖν bezeichnet ἐπὶ τό an der erſten Stelle das beabſichtigte Ziel ähnlich Jos. I. 18$_{16}$, an der zweiten antwortet es auf die Frage: wohin? In gleichem Sinne leſen wir es bei Xenophon, Polybius, Diodor, Dionys, Josephus und Plutarch nach ſolgenden Verben: ἐπιστολὴ ἀνάκειται Jos. IV. 177$_{14}$; ἐλθεῖν Xen. Kyrop. 287$_{14}$, comm. 3$_{26}$, Plut. III. 143$_{6}$, IV. 20$_{5}$; ὁδός ἐστιν Xen. An. 68$_{1}$, Kyrop. 12$_{3}$, 42$_{13,14}$, 43$_{21}$; ῥέπειν ταῖς γνώμαις Pol. 38$_{29}$; τρέπεσθαι Xen. Hell. 120$_{29}$, 124$_{22}$, Jos. IV. 177$_{18}$, Dion. II. 12$_{32}$, III. 62$_{16}$, Plut. I. 272$_{20}$, IV. 291$_{4}$; προτρέπεσθαι Dion. I. 206$_{30}$, Zos. 104$_{22}$, 159$_{17}$, 214$_{28}$; φέρεσθαι Pol. 1324$_{19}$; ἐπιφέρεσθαι Diod. III. 560$_{20}$; καταφέρεσθαι Pol. 793$_{15}$, 1191$_{27}$, Diod. IV. 237$_{21}$; συγκαταφέρεσθαι Pol. 1298$_{10}$; χωρεῖν Jos. VI. 177$_{21}$.

Eine dritte Gebrauchsweiſe findet ſich noch bei Xenophon und den ſpätern Hiſtorikern: ἐπὶ τό c. Inf. iſt indirektes Objekt und antwortet auf die Frage: wozu? wie εἰς τό c. Inf.

a) Um die Funktion einer Eigenſchaft zu bezeichnen nach den Ausdrücken des Zuſtandes. Arrian und Herodian kennen ἐπὶ τό c. Inf. nur in dieſer Bedeutung; es ſteht nach ἑτοίμως ἔχειν Jos. I. 39$_{31}$; ἐπιτήδειος Herod. 58$_{8}$; ὀξύς Arr. An. 294$_{7}$; προπετής Xen. Hell. 45$_{13}$.

b) Um das Ziel einer Handlung zu kennzeichnen, ſo daß dieſe Verbindung die Stelle eines Finalſatzes einnehmen kann. Dies geſchieht nach den Verben des Veranlaſſens: ἐκπέμπεσθαι Pol. 1385$_{22}$; ἐνάγειν Xen. Hell. 219$_{21}$; παρακαλεῖν Xen. scr. min. 186$_{27}$; ὁρμᾶν Xen. comm. 38$_{13}$, 88$_{14, 15}$, Pol. 24$_{12}$, 30$_{25}$, 36$_{19}$, 83$_{5,6}$, 102$_{12}$, 118$_{8}$, 142$_{18}$, 148$_{23}$, 155$_{12}$, 159$_{11}$, 278$_{18}$, 361$_{9}$, 548$_{22}$, 591$_{10}$, 610$_{4}$, 794$_{13}$, 906$_{12}$, 925$_{2}$, 1007$_{12}$, 1237$_{27}$, 1346$_{5}$, Diod. II. 498$_{1}$, III. 430$_{10}$, V. 30$_{5}$, Jos. VI. 173$_{13}$, IV. 110$_{2}$, 229$_{18}$, Dion. II. 301$_{13}$, Plut. IV. 194$_{13}$, 219$_{8}$; παρορμᾶν Pol. 145$_{6}$, Dion. III. 126$_{14}$; προπέμπειν Jos. I. 18$_{16}$[1]. — des Anordnens

[1] Pol. 1346$_{5}$ ὡρμηκότων τῶν Ἀχαιῶν ἐπὶ τῷ παραδειγματίζειν αὐτούς. τῷ N. Un. I. 222, τό Ur. II. 99. Trotz dieſer Überlieferung muß hier auch gegen Hultsch ἐπὶ τὸ παραδειγματίζειν geſetzt werden. Ich ſtütze mich auf die obigen Beiſpiele, cf. Krebs, Präpoſ. bei Pol., pag. 95.

und Rüſtens: διασπείρεσθαι Xen. An. 186_{29}; καθίστασθαι Xen. An. 173_{18}, Jos. IV. 227_{31}; μεθιστάναι Jos. II. 17_{19}; τάττειν Xen. Kyrop. 153_{23}, scr. min. 150_{12}, Pol. 55_{9}; καταντᾶν Pol. 1053_{3}; ἐρεθίζεσθαι Zosim. 145_{14}, Arr. An. 294_{7}; οὐ μὴν ἀλλὰ καὶ αὐτὸς Ἀλέξανδρος ὀξύτερος λέγεται γενέσθαι ἐν τῷ τότε ἐς τὸ πιστεῦσαί τε ταῖς ἐπικαλουμένοις . . . καὶ ἐπὶ τὸ τιμωρήσασθαι . . . Wechſel mit εἰς τό c. Inf.!

An einer Stelle des Jos. iſt ἐπὶ τό c. Inf. = gen. obi. I. 280_{13}.

πρός c. Inf.

I. Mit dem Dativ wird es in zwei Bedeutungen verwendet.

a) «Abgeſehen davon, daß» oder «außer», bei Xenophon nur zweimal in dieſem Sinne, Kyrop. 72_{21}, scr. min. 227_{9}. Ihm ſchließen ſich an Diod. IV. 362_{10}, Dion. I. 136_{10}, II. 283_{15}, 272_{6}, IV. 246_{25}, Jos. I. 193_{2}, 234_{18}, II. 186_{15}, 193_{10}, V. 4_{18}, 176_{5}, 194_{21}, 258_{18}, 280_{2}, VI. 19_{26}, 71_{17}, 170_{21}, Plut. I. 306_{4}, II. 80_{6}, 307_{16}, 418_{21}, III. 38_{3}, IV. 179_{32}, V. 117_{25}, D. C. I. 185_{16}, 250_{25}, 309_{11}, II. 24_{1}, 66_{12}, 215_{6}, III. 37_{2}, 177_{1} IV. 21_{27}, Zosim. 91_{16}, 289_{6}. Bei Dionys, Dio Cassius und Zosimus hat πρὸς τῷ nur dieſe Funktion.

b) Bei Polybius, Diodor, Josephus und Plutarch bezeichnet πρὸς τῷ das Arbeitsfeld nach εἶναι und γίνεσθαι.

Wie Krebs, Präpoſ. bei Pol., 123 ff., auseinanderſetzt, zwingt uns die Überlieferung, ſowohl Akkuſativ als Dativ bei πρός in Verbindung mit εἶναι und γίνεσθαι zuzulaſſen. Deshalb glaube ich, mich ganz ſtreng an die jeweilig beſte Überlieferung halten zu müſſen im Gegenſatz zu Krebs u. a. Bei γίνεσθαι wird im ganzen der Akkuſativ, bei εἶναι der Dativ bevorzugt.

So ſteht alſo:

	πρὸς τό			πρὸς τῷ			nach
εἶναι	$31_{14, 15}$		873_{5}	60_{26}	141_{6}	290_{27}	
γίνεσθαι	36_{2}	44_{6}	66_{13}	263_{26}	294_{26}	503_{17}	
	276_{26}	479_{7}	603_{28}	409_{21}			

Bei den nachfolgenden Hiſtorikern ſteht πρὸς τό nur bei Plutarch IV. 380_{8} nach γίνεσθαι; ſonſt findet ſich πρὸς τῷ, ſo nach εἶναι: Diod. III. 447_{20}, Jos. I. 136_{7}, 252_{22}, II. 300_{5}, III. 195_{23}, Plut. I. 339_{10}, γίνεσθαι: Jos. II. 152_{22}, Plut. II. 381_{27}.

II. Mit dem Akkuſativ:

Thukydides verwendet πρὸς τό im Sinne von

a) Im Vergleich mit an einer Stelle II. 230_{8} καὶ νομίσας πάντα τ' ἄλλα πρὸς τὸ ναῦς τε . . . ξυμπαρακομίσαι καὶ τοὺς Λακεδαιμονίους . . . ἀσφαλῶς περαιωθῆναι . . . Er findet Nachahmung bei Xen. An. 239_{2} und D. C. I. 44_{29}, 266_{26}, II. 123_{5}.

b) Es bezeichnet das indirekte Objekt auf die Frage: wozu? nach Ausdrücken der Eigenſchaft: ἀσφαλής I. 97_{30}; ἱκανός I. 160_{30}; χρήσιμος II. 254_{32}. Hierin fand Thukydides Nachahmung bei ſämtlichen Hiſtorikern und zwar beſonders lebhafte bei Xenophon, Polyb, Josephus und Plutarch. So ſteht πρὸς τό nach Subſtantiven (ἀσφάλεια Jos. I. 155_{10}, D. C. II. 182_{27}; ἐπιθυμία Pol. 253_{27}, D. C. I. 10_{27}; εὐφυΐα Jos. I. 99_{19}; φιλοτιμία D. C. I. 10_{27} u. a.). — Adjektiven (ἀγαθός Xen. Kyrop. 60_{19}, $_{20}$, $_{22}$, 84_{22}, $_{23}$; ἀσφαλής Thuk. I. 97_{30}, Jos. III. 308_{8}, Arr. scr. min. 116_{26}, D. C. II. 50_{27}; ἐπιτήδειος Xen. comm. 34_{14}, Pol. 1193_{15}, 1281_{1}, Diod. I. 166_{11}, Herod. 152_{1}, 159_{27}; ἕτοιμος Pol. 436_{21}, 974_{6}, Diod. II. 138_{3}; εὔκαιρος Jos. II. 189_{26}; εὐτρεπής Zosim. 141_{27}; εὐφυής Xen. Kyrop. 46_{17}, Pol. 264_{1}, 1060_{11}; εὔψυχος Thuk. I. 97_{30}; χρήσιμος Thuk. II. 254_{32}, Plut. IV. 404_{8} χρηστός Jos. IV. 5_{2} u. a.). — Adverbien (ἀφυῶς u. εὐφυῶς ἔχειν Pol. 103_{25}, 975_{23}, 12_{26}; ἑτοίμως ἔχειν (διακεῖσθαι) Jos. II. 227_{26}, Pol. 565_{6}, 1376_{22}; ἐκμελῶς ἔχειν Zos. 172_{7} u. a.). — Verben (ἀκμάζειν Jos. II. 158_{32}; ἀρκεῖν Xen. An. 67_{21}, Plut. II. 248_{11}, D. C. III. 39_{25}; ἐξαρκεῖν Xen. scr. min. 107_{31}, D. C. III. 49_{29} u. a.).

Dieſen Gebrauch jedoch hat ſchon Xenophon ausgedehnt auf die Verba der beabſichtigten Folge und iſt hierin tonangebend für die ſpäteren Hiſtoriker. So bezeichnet alſo πρὸς τό den Zweck nach den Verben des Nützens und Schadens (ποιεῖν προὔργου

Xen. Hell. 235_{6}; φέρω Xen. comm. 77_{4}, scr. min. $116_{26,27}$; συμφέρω Xen. comm. 77_{2}, Diod. III. 59_{9}; ὠφελεῖσθαι Xen. Kyrop. 59_{23}, 60_{10}, scr. min. 280_{3}, Jos. III. 306_{4}, Plut. I. 444_{14}; ἀπολλύναι Pol. 1263_{18}; ἀχαριστεῖν Jos. III. 232_{13}; θραύειν Pol. 930_{1} u. a.). — des Helfens (συμβάλλεσθαι Xen. Kyrop. 82_{16}, scr. min. 280_{4}, Pol. 591_{14}, 186_{24}, 1261_{29}, Diod. I. 196_{7}; συνεργεῖν Pol. 129_{11}, 794_{22}, 1239_{20}, Diod. I. 74_{5}, Jos. V. 319_{3} u. a.). — des Bereitens und Rüstens (ἀντιπαρεκτείνειν Jos. V. 253_{30}; ἀποχυροῦν Plut. IV. 221_{12}; διορθοῦσθαι Pol. 1345_{20}; κατασκευάζω Pol. 727_{23}; καταστρωννύσαι Jos. II. 191_{21}; παρασκευάζω Xen. Kyrop. 106_{24}, $262_{15,16}$, Pol. 58_{17}, 85_{6}, $306_{18,30}$, 1275_{16}, Jos. V. 276_{14}, Dion. II. 218_{30}. — des Darreichens und Gewährens (διδόναι Pol. 999_{22}, 649_{11}; ἐκδιδόναι Zosim. 235_{16}; ἐνδιδόναι Jos. III. 78_{7}; παρέχειν Jos. I. 285_{18} u. a.). — des Veranlassens und Strebens (ἀνακαλεῖν Plut. II. 342_{21}; ἐκκαλεῖσθαι Pol. 579_{20}, 1055_{10}; καλεῖσθαι Jos. III. 232_{5}; παρακαλεῖν Jos. VI. 51_{10}; ὁρμᾶν Pol. 81_{20}, 20_{7}, 292_{5}, 856_{3}, Jos. III. 162_{30}, Plut. I. 370_{11}, Zosim. 239_{21}; παρορμᾶν Pol. 300_{13}, 594_{24}, Plut. I. 411_{15}; ἀνερεθίζεσθαι Jos. IV. 149_{11}; ἐπινοεῖσθαι Pol. 812_{20}, Jos. I. 154_{11}; σπουδάζω Pol. 93_{7} u. a.). — des Gebrauchens und Bedürfens (χρῆσθαι Jos. I. 112_{16}, Plut. II. 107_{24}; καταχρῆσθαι Diod I. 447_{17}; προςδεῖσθαι Pol. 282_{19}, Diod. I. 167_{7}; δεῖν τινός D. C. II. 225_{14}, III. 49_{28} u. a.). — der Bewegung (ἐπεξιέναι Jos. III. 341_{32}; ἐπιφέρεσθαι Jos. I. 270_{3}; παραπλεῖν Diod. II. 449_{13}; πλεῖν Diod. III. 193_{5}; συνδραμεῖν Pol. 190_{20}; τραπῆναι Zosim. 15_{29}, 86_{17} u. a.) — und nach sonstigen Verben (διαλέγεσθαι Plut. I. 411_{15}; ἐμποδίζειν Herod. $124_{4,10}$; ἔχειν τι Xen. An. 61_{16}, Diod. II. 36_{9}, 184_{4}, Jos. III. 34_{32}, I. 154_{14}, Herod. 156_{13}; κηδεύω Jos. II. 154_{14}; παρασημαίνειν Diod. IV. 402_{9} u. a.).

Daß sich von dieser Bedeutung die rein finale Anwendung sehr leicht ergiebt, mögen folgende Stellen beweisen: Xen. scr. min. 160_{8} ἐγὼ οὖν καὶ τοῦτο ἐπαινῶ Ἀγησιλάου τὸ πρὸς τὸ ἀρέσκειν τοῖς Ἕλλησιν ὑπεριδεῖν τὴν βασιλέως ξενίαν Pol. 800_{1},

924_{1}, 627_{23}, Arr. scr. min. 92_{6}, D. C. II. 182_{27}, III. 204_{30}, 228_{18}, IV. 23_{12}.

Als befonders intereffante Verbindungen hebe ich hervor: ἀντιτάττεσθαι πρός Thuk. I. 150_{5}; φυλάττειν πρός Thuk. I. 188_{28}; δεῖγμα ἐναργές Pol. 613_{30}; ὑπόδειγμα ἀνωφελές Pol. $647_{1,2}$; ἐμποδίζω πρός Arr. An. $124_{4,19}$, D. C. III. 9_{11}.

III. Eine befondere Gebrauchsweife ift: πρὸς τό nach εἶναι Pol. $31_{14,15}$, 873_{5}, und γίνεσθαι Pol. 36_{2}, 44_{6}, 66_{13}, 276_{26}, 479_{7}, 603_{28}, Plut. IV. 380_{2}, cf. pag. 33 ff. diefer Arbeit.

IV. πρὸς τό = gen. obi. Plut. I. 375_{11}.

B.

Gebrauchsweife der einzelnen Präpofitionsadverbien[1].

1) Präpofitionsadverbien in Verbindung mit dem Genetiv des Infinitivs.

ἀπωτάτω τοῦ c. Inf.

findet fich ein einziges Mal bei Plutarch II. 309_{11} τὸ δὲ θεῖον ἀπωτάτω χάριτος καὶ ὀργῆς καὶ τοῦ μέλειν ἡμῶν εἰς ἀπράγμονα βιὸν καὶ μεστὸν εὐπαθειῶν ἀποικίζοντες.

ἄχρι τοῦ c. Inf.

Zuerft bei Xen. scr. min. 90_{4} ὅμως δὲ περί ἐστί μοι καὶ ἐσθίοντι ἄχρι τοῦ μὴ πεινῆν ἀφικέσθαι καὶ πίνοντι μέχρι τοῦ μὴ διψῆν, um das Ziel einer Handlung zu bezeichnen. In gleicher Bedeutung fteht es bei Plutarch II. 121_{31} Ἑλληνικῆς παιδείας καὶ λόγων ἄχρι τοῦ τιμᾶν καὶ θαυμάζειν τοὺς κατορθοῦντας ἐραστής IV. 332_{20}. An den vier anderen Stellen I. 368_{12}, II. 325_{2}, III. 431_{15}, V. 155_{25} bezeichnet es das zeitliche Ziel, ift alfo temporal gebraucht.

---

[1] Bei diefem Abfchnitt kann ich mich kürzer faffen, da das Wefentliche fchon Krebs in feiner Arbeit «Die Präpofitionsadverbien in der fpäteren hiftorifchen Gräcität», I. pag. 49 u. a. hervorgehoben hat.

δίχα τοῦ c. Inf.

ſteht ganz vereinzelt bei Josephus im Sinne von ἄνευ τοῦ VI. 79_{32} δίχα τοῦ συναπολέσθαι τήν τε πόλιν καὶ τὸν ναὸν αὐτῷ.

Über ἕνεκα cf. Krebs, Präpoſitionsadverbien, II. 22, I. 57, und dieſe Arbeit pag. 9 ff.

ἐγγὺς τοῦ c. Inf.

tritt zuerſt auf bei Thuk. I. 187_{31} und Xen. scr. min. 298_{23} ἀεὶ γὰρ ἔστι τοῖς τὰ σώματα καὶ τὰς ψυχὰς εὖ ἔχουσιν ἐγγὺς εἶναι τοῦ εὐτυχῆσαι.

In das Werk des Polybius möchte Krebs (Präpoſitionsadv., II. 52) durch Konjektur ἐγγὺς τοῦ 582_{15} einführen: ὅταν δὲ κατὰ τὰς πορείας ἐγγίζωσιν στρατοπεδεύειν, Schweighäuser verlangte vor στρατοπεδεύειν τοῦ, Hultsch glaubt, es ſei τοῖς τόποις καθ' οὓς ausgefallen und Krebs l. c. vermutet ἐγγὺς ὥσι τοῦ στρατοπεδεύειν. Dieſem Verſuch kann ich nicht zuſtimmen, da es mir nicht zuläßlich erſcheint, eine derartige Neuerung durch Konjektur in einen Schriftſteller hineinzutragen. Dazu kommt, daß die leichtere Änderung Schweighäusers dem Sinne Genüge leiſtet.

Josephus verbindet den Superlativ ἔγγιστα mit dem Genetiv des Infinitivs II. 53_{25}. Plutarch ſetzt den Infinitiv zu ἐγγύς I. 456_{20}, II. 454_{30}, zu ἔγγιστα IV. 294_{28} und zu ἐγγυτάτω V. 95_{27}, 206_{26}. Auch Arrian hat dieſe Wendung aufgenommen und zwar ἐγγὺς τοῦ An. 91_{21}, 116_{19}.

ἔξω τοῦ c. Inf.

Thukydides gebraucht es im Sinne von «außer» II. 60_{16} ὥστε ἔξω καὶ τοῦ πλειόνων ἄρξαι καὶ τὸ ἀσφαλὲς ἡμῖν διὰ τὸ καταστραφῆναι ἂν παράσχοιτε . . . In gleicher Bedeutung findet es ſich bei Dion. III. 23_{7}, D. C. II. 209_{3}, III. 310_{10}.

Polybius zeigt auch hier eine Neuerung, denn er gebraucht ἔξω τοῦ in lokalem Sinne 1213_{13} τότε δὴ παντάπασιν ἔξω τοῦ φρονεῖν γενόμενοι. In dieſer Bahn folgten ihm Dion. II. 115$_{8}$, 180$_{16}$, Jos. V. 153$_{30}$, Arr. An. 291$_{13}$, D. C. IV. 64$_{5}$.

ἐπίπροσθεν τοῦ c. Inf.

ſteht einzig bei Arrian scr. min. 130$_{18}$ ὅσον μὴ ἐπίπροσθεν τοῦ ὁρᾶν γιγνόμενα σκέπην παρέχειν τῇ ὄψει im Sinne von «im Wege, hinderlich».

ἔμπροσθεν τοῦ c. Inf.

ſteht allein bei Zosimus 68$_{11}$ ἀλλὰ ἡσυχίαν ἔμπροσθεν ποιησαμένου τοῦ πράγματα ἔχειν.

ἕως τοῦ c. Inf.

An den fünf Stellen hat es bei Polybius die Bedeutung von usque ad 82$_{13}$ οὐδ' αὐτὸ τοῦτο περιμείναντες ἕως τοῦ γνῶναι; 428$_{24}$ ἀλλὰ μέχρι τούτου πολεμῶν καὶ φιλονεικῶν, ἕως τοῦ λαβεῖν ἀφορμάς.

211$_{18}$ ἐν Σαρδόνι καὶ Λιβύῃ μηδεὶς Ῥωμαίων μήτ' ἐμπορευέσθω μήτε πόλιν κτιζέτω . . . εἰ μὴ ἕως τοῦ ἐφόδια λαβεῖν ἢ πλοῖον ἐπισκευάσαι.

533$_{18}$ καὶ ταύτης οὐχ ὡς πρὸς ναυμαχίαν (τοῦτο μὲν γὰρ οὐδ' ἂν ἤλπισε δυνατὸς εἶναι Ῥωμαίοις διαναυμαχεῖν), ἀλλὰ μᾶλλον ἕως τοῦ παρακομίζειν στρατιώτας.

702$_{19}$ περὶ δὲ τῶν κατ' Ἀντίγονον ἕως τούτου βούλομαι ποιήσασθαι τὴν μνήμην [ἕως] τοῦ μὴ δόξαι καταφρονεῖν τῶν γεγονότων, ἕως del. Hultsch.

Josephus bezeichnet mit ἕως τοῦ c. Inf. die Grenze des Glückes II. 343$_{9}$ κατὰ μικρὸν δὲ ἀρθεὶς ἕως καὶ τοῦ βασιλεύειν καὶ εὐτυχεῖν, ſ. Krebs, Präpoſitionsadverbien, II. 19 ff. und I. 52 ff.

μέχρι τοῦ c. Inf.

wird in doppelter Bedeutung verwendet:

a) Temporal bezeichnet es den Grenzpunkt, bis zu welchem eine Handlung dauert. Thuk. I. 124$_{4}$ οὐδεὶς ἐλπίζων μέχρι τοῦ δίκην γενέσθαι βιοὺς ἂν τὴν τιμωρίαν ἀντιδοῦναι II. 51$_{24}$, Xen.

Hell. 50_{11}, Pol. 287_{19}, 1327_{17}, Diod. II. 420_{22}, Dion. III. 176_{28}, Jos. V. 72_{31}.

b) Übertragen drückt Xenophon damit die Grenze von materiellen (scr. min. 90_{4}, $135_{13, 14}$) und von geiſtigen Genüſſen aus (comm. $138_{19, 21}$); Josephus die Grenze von Affekten I. 293_{23} τῆς ὀργῆς μέχρι τοῦ τελευτᾶν; VI. 261_{31}, II. 145_{15}; III. 27_{3} προάγεσθαι μέχρι τοῦ und von Vollmachten V, 147_{3} μέχρι τοῦ κτείνειν λαβὼν ἐξουσίαν.

Über πλήν, πόρρω und χάριν τοῦ cf. Krebs, Präpoſitionsadverbien, I. 56 und 57 ff., und dieſe Arbeit pag. 9.

χωρὶς τοῦ c. Inf.

gebraucht Polybius in doppelter Bedeutung:

1) = ἄνευ τοῦ Pol. 161_{15}, 218_{17}, 611_{2} und nach ihm Diod. I. 176_{31}.

2) = «abgeſehen davon, daß», «außer», d. h. = πρὸς τῷ Pol. 587_{2} und Diod. IV. 388_{2}.

2) Präpoſitionsadverbien in Verbindung mit dem Dativ des Infinitivs.

ἅμα τῷ c. Inf.

cf. Krebs, Präpoſitionsadverb., I. pag. 58 ff.

Findet ſich zuerſt bei Xen. Hell. 160_{13} καὶ γὰρ ὁ θεὸς ἴσως ἐποίησεν ἅμα τῷ δύνασθαι καὶ τὰ φρονήματα αὔξεσθαι τῶν ἀνθρώπων.

Hier wird alſo die Gleichzeitigkeit, das Nebeneinanderſein zweier Handlungen ausgedrückt. Polybius übernimmt dieſe Verbindung, modifiziert aber ihre Bedeutung dergeſtalt, daß ſie einen Temporalſatz mit ὅτε erſetzt. Er blieb hierin maßgebend für ſeine Nachfolger. Ferner zeigt ſich auch bei dieſem Präpoſitionsadverbium die formelhafte Verwendung gerade im Anſchluß an Polyb. Hier mögen nun verſchiedene ſynonyme Wendungen gewürdigt werden. Ἅμα τῷ: διαλύσασθαι τὸν πόλεμον Pol. 111_{10}, Dion. III. 178_{8}; καταλύειν τὸν πόλεμον Dion. V. 11_{20}, IV. 180_{24}.

Gegenſatz ἅμα τῷ συστῆναι τὸν πόλεμον DION. III. 119_{1}; συνιδεῖν POL. 230_{32}, 256_{26}, 289_{22}, 439_{26}, 747_{19}; συνεῖναι POL. 203_{27}, DION. II. 88_{3}; ἰδεῖν POL. 338_{22}, 654_{5}; γνῶναι POL. 783_{8}, ZOS. 53_{23}, 114_{4}, 165_{23}; προςπεσεῖν POL. 751_{16}, 773_{25}; μαθεῖν ZOS. 126_{7}; πυθέσθαι POL. 1046_{8}, DION. III. 147_{23}, 220_{20}, PLUT. III. 44_{12}, 389_{30}, V. 71_{13}, ZOSIM. 110_{4}; θεάσασθαι DION. I. 296_{13}, II. 158_{27}, ZOS. 36_{20}.

πελάσαι POL. 313_{8}; προςπελάζειν DIOD. I. 272_{9}; πλησιάζω POL. 28_{7}, 256_{16}, DION. III. 123_{23}; συνεγγίζειν POL. 133_{9}, 637_{10}.

μεταλλάξαι POL. 915_{4}; ἀποθανεῖν DION. I. 177_{13}, PLUT. IV. 129_{1}; τελευτῆσαι PLUT. I. 205_{5}, III. 190_{32}, IV. 259_{30}; διελθεῖν τὰς ἡμέρας POL. 1033_{32}, 1271_{24}; θέσθαι τὸ στρατόπεδον PLUT. II. 506_{25}; θέσθαι τοῦ χάρακα POL. 659_{9}.

Zur beſonderen Hervorhebung des Zeitverhältniſſes ſtehen im Hauptſatze Adverbia der Zeit und zwar:

εὐθέως POL. 118_{21}, 192_{19}, 339_{12}, 749_{20}, 691_{25}, 702_{4}, 751_{12}, 787_{3}, 880_{13}, 890_{2}, 990_{26}, 637_{10}, 361_{8}, 432_{17}, HEROD. 164_{7}; εὐθὺς HEROD. 107_{2}; παραυτίκα POL. 168_{6}, 203_{28}; παραχρῆμα POL. 115_{28}, 995_{21}, ZOSIM. 192_{18}; ταχέως POL. 915_{4}, 890_{2}, 920_{6}.

Auch vor ἅμα ſtehen Adverbia:

εὐθὺς DION. I. 274_{12}, 302_{2}, 307_{26}, II. 103_{5}, 154_{19}, 206_{24}, III. 178_{8}, IV. 49_{14}, JOS. IV. 148_{16}.

παραχρῆμα D. C. III. 90_{23}.

ὁμοῦ τῷ c. Inf.

ſteht einmal bei DIONYS I. 96_{31} καὶ γὰρ ὁμοῦ τι τῷ τίκτειν εἶναι τὴν κόρην, wo es die gleiche Bedeutung hat wie ἐγγὺς τοῦ c. Inf.

Gebrauchsweiſe der einzelnen Autoren.

Herodot huldigt durchweg dem Einkaſusſyſtem und vermeidet die Präpoſitionsadverbien.

Ferner hat der Infinitiv kein neues Subjekt bei ſich, ſondern er lehnt ſich an das Subjekt oder ein vorangegangenes Subſtantiv an; es iſt alſo hier der Infinitiv nur der Erſatz eines Verbalſubſtantives. Z. B. I. 79_{11} ἀντὶ τοῦ προσαγορεύειν = anſtatt zu grüßen, an Stelle des Grußes, desgl. I. 167_{12}, II. 97_{20} μετὰ τὸ βασιλεύειν = nach dem Königſein, I. 123_{4} ἴκετο ἐς τὸ τυθῆναι = er kam zum Opfern, II. 138_{16} σύμμαχα ἐς τὸ πείθεσθαι Ξέρξην = behülflich zur Überredung des Xerxes.

Thukydides fügt zu den Präpoſitionen ſeines Vorgängers ἀπό, ἐκ, μετά, πρό c. Genet.; διά, κατά, παρά, πρός c. Acc. und ἐπί c. Dat. und Accus.; d. h.: Thukydides vermehrt bedeutend die Zahl der angewendeten Präpoſitionen, führt bei einer Präpoſition das Zweikaſusſyſtem ein und zieht zuerſt Präpoſitionsadverbien heran, ſo ἐγγύς, ἔξω, ἕνεκα und μέχρι.

Thukydides erhöhte wohl die Frequenz der ſchon im Umlauf begriffenen und zog neue Präpoſitionen heran in dem Streben, der Darſtellung ein harmoniſches Gefüge zu geben und die Gegenſätze in thunlichſter Kürze zu fixieren. Daher iſt es natürlich, daß gerade in den Partieen des Geſchichtswerkes, in denen das Streben nach kunſtvollerem Satzbau am meiſten hervortritt — in den Reden —, ein häufigerer Gebrauch von der präpoſitionalen Verbindung gemacht wird (cf. pag. 42), ja verſchiedene Präpoſitionen beim Infinitiv ſich nur hier finden, ſo ἐν τῷ c. Inf., παρὰ τό c. Inf., ἐπὶ τῷ c. Inf. Desgleichen die Präpoſitionsadverbien ἐγγύς, ἔξω und ἕνεκα; in den erzählenden Partieen findet ſich nur μέχρι τοῦ c. Inf. Nur die Präpoſitionen, welche den Accusativus zu ſich nehmen, finden in der Erzählung eine häufigere Aufnahme, als in der Rede. Zahlenmäßig zeigt ſich folgendes Verhältnis.

Praep. c. Gen.:	Rede :	Erzählung	= 17 : 7
Praep. c. Dat.:	»	»	= 6 : 0
Praep. c. Acc.:	»	»	= 10 : 17
Praep. c. Gen. u. Acc.:	»	»	= 34 : 53
Praep. c. Dat. u. Acc.:	»	»	= 12 : 8.

Dieſe erhöhte Frequenz iſt zum Teil auch bedingt durch eine tiefgreifende Neuerung des Thukydides. Er zuerſt läßt unter den Hiſtorikern den Accus. c. Inf. von Präpoſitionen abhängig ſein. Z. B.: I. 124_{4} οὐδεὶς ἐλπίζων μέχρι τοῦ δίκην γενέσθαι .. II. 195_{19} ἀντὶ μὲν τοῦ ἄλλους δουλωσομένους ἥκειν .. ἐκ τοῦ c. Acc. c. Inf. I. 73_{9}, 174_{32}, II. 93_{19}; εἰς τό I. 82_{19}; διὰ τό I. 24_{9}, 97_{27}, 246_{30}, 292_{3} u. a., cf. Materialienſammlung.

Damit bekam die Infinitivverbindung die Fähigkeit, Nebenſätze zu umſchreiben. So ſind denn auch beſonders die Präpoſitionen und Präpoſitionsadverbien berückſichtigt, welche einen Nebensatz zu erſetzen qualifiziert werden, ſo ἐκ, πρό, διά, πρός, ἐπί, ἕνεκα und μέχρι.

Hand in Hand damit mußte die Bezeichnung des Tempusverhältniſſes gehen; ſo war es denn ganz natürlich, daß der Accus. c. Inf. perf. herangezogen wurde, um die Abgeſchloſſenheit der Handlung zu bezeichnen, ſo I. 3_{2} οὐ μὴν οὐδὲ βαρβάρους εἴρηκε διὰ τὸ μηδὲ Ἕλληνάς πω, ὡς ἐμοὶ δοκεῖ, ἀντίπαλον ἐς ἓν ὄνομα ἀποκεκρίσθαι, cf. I. 122_{30}, 101_{6}; 145_{19} διὰ τὸ μήπω τοὺς ἄλλους Ἀκαρνᾶνας ξυμβεβοηθηκέναι ..; 270_{29} διὰ τὸ τὴν γνώμην ἀνεχέγγυον γεγενῆσθαι.

Noch einmal möchte ich an dieſer Stelle hervorheben, daß einige Infinitivkonſtruktionen als Interpolationen ſpäterer Zeit zu beſeitigen ſind.

I. 274_{22}, (δ 62_{2}) iſt ὥςπερ περὶ τοῦ πολεμεῖν nach Krüger auszuſcheiden.

II. 275₁₆ ἣν δὲ ἀπιστήσαντες ἄλλοις ὑπακούσωμεν, οὐ περὶ τοῦ τιμωρήσασθαί τινα, ἀλλὰ καὶ ἄγαν εἰ τύχοιμεν, φίλοι μὲν ἂν τοῖς ἐχθίστοις, διάφοροι δὲ οἷς οὐ χρὴ κατ' ἀνάγκην γιγνόμεθα.

Die Worte οὐ περὶ τοῦ τιμωρήσασθαί τινα bieten ein Anakoluth, das THUKYDIDES nicht zugemutet werden kann. Ich möchte darin eine Interpolation erblicken, nach deren Entfernung mit dem folgenden ἀλλὰ der Zuſammenhang völlig hergeſtellt iſt.

I. 301₁₉ διὰ τὸ περιέχειν αὐτήν iſt ſicher Interpolation, die ſchon STAHL nach dem Vorgang DOBREES entfernte.

I. 120₁₄ καὶ τὰς αἰτίας ἅςτινας νομίζει τοσαύτης μεταβολῆς ἱκανὰς εἶναι [δύναμιν ἔχειν ἐς τὸ μεταστῆσαι σχεῖν] die eingeſchloſſenen Worte ſind mit J. M. GESNER, Chrest. gr. 48 auszuſcheiden.

I. 14₉ κτῆμά τε ἐς τὸ παραχρῆμα ἀκούειν σύγκειται . . . ἀκούειν iſt Interpolation.

XENOPHON ſchreitet auf dem von THUKYDIDES betretenen Wege weiter. Nicht nur daß er die ſchon vorhandenen Präpoſitionen und Präpoſitionsadverbien in erhöhter Frequenz gebraucht, unterwirſt er dageweſene dem Zweikaſusſyſtem und führt neue Verbindungen ein. Περί, διά und πρός, welche bei THUKYDIDES nur mit einem Kaſus ſich finden, werden von XENOPHON mit zwei Kaſus verbunden.

Zuerſt bei XENOPHON werden ὑπέρ und ὑπὸ τοῦ c. Inf. angewendet, desgleichen die Präpoſitionsadverbien ἄνευ, ἄχρι, μεταξύ und ἅμα.

In Bezug auf die Gebrauchsweiſe herrſcht in den einzelnen Schriften XENOPHONS eine ſehr große Verſchiedenheit.

Dem Einkaſusſyſtem ſind folgende Schriften unterworfen:

Πόροι mit 2 Präpoſitionen ἐκ und διὰ τό.

Ἀπολογία Σωκράτ. mit 2 Präpoſ. ἀντί und διὰ τό.

Λακεδαιμον. πολιτ. mit 5 Präpoſ. ἀντί, διὰ τό, εἰς, ἐπὶ τῷ c. Inf., ἕνεκα.

Ἱέρων mit 6 Präpoſ. ἀντί, ὑπέρ, ἐν, διὰ τό, ἕνεκα und μέχρι τοῦ.

Περὶ ἱππικῆς mit 8 Präp. ἀντί, ἐκ, ὑπό, εἰς, περί, διὰ τό, πρὸς τό, ἕνεκα.
Οἰκονομικός mit 9 Präpoſ. ἀντί, ἐκ, ἐν, εἰς, περὶ τοῦ, διὰ τό, ἐπὶ τῷ, πρὸς τό, ἄνευ τοῦ.
Συμπόσιον mit 10 Präpoſ. ἀντί, ἐκ, εἰς, διὰ τό, ἐπὶ τῷ, πρὸς τό, ἄχρι τοῦ, ἕνεκα, μεταξύ, μέχρι.

Die übrigen Schriften nehmen auch Präpoſitionen auf, die zwei Kaſus regieren und zwar:

Ἀγησίλαος mit 6 Präpoſ. ἀντί, εἰς, διὰ τό, πρὸς τό, ἕνεκα, ἐπὶ {τῷ, τό}.
Ἵππαρχος mit 6 Präpoſ. ἀπό, ἐν, εἰς, διὰ τό, ἄνευ, πρὸς {τῷ, τό}.
Κυνηγέτικος mit 6 Präpoſ. ἀπό, διὰ τό, πρὸς τό, ἄνευ, ἐγγύς, ἐπὶ {τῷ, τό}.
Ἀνάβασις mit 9 Präpoſ. ἐκ, ὑπό, ἐν, εἰς, περὶ τοῦ, ἐπὶ τό, πρὸς τό, ἕνεκα, διὰ {τοῦ, τό}.
Ἑλληνικά mit 12 Präpoſ. ἀντί, ἐν, εἰς, περὶ τοῦ, διὰ τό, πρὸς τό, ἄνευ, ἕνεκα, μέχρι, ἅμα, ἐπὶ {τῷ, τό}.
Ἀπομνημονεύματα mit 12 Präpoſ. ἀντί, ἀπό, ἐκ, πρός, ἐν, εἰς, περὶ τοῦ, διὰ τό, ἕνεκα, μέχρι, ἐπὶ {τῷ, τό}.
Κυρουπαιδεία mit 12 Präpoſ. ἀντί, ἐκ, ὑπό, ἐν, εἰς, περὶ τοῦ, ἄνευ, ἕνεκα, διὰ {τοῦ, τό}, ἐπὶ {τῷ, τό}, πρὸς {τῷ, τό}.

Die Schriften alſo, in denen keine andere Präpoſitionen und Präpoſitionsadverbien als bei Thukydides in Anwendung kommen, ſind Πόροι, Ἀπολογία Σωκράτους, Λακεδαιμονίων, Πολιτεία, Ἀγησίλαος und Ἀπομνημονεύματα. In der Anabasis zeigt ſich als Neuerung nur die Verbindung von διά auch mit dem Genetiv des Infinitivs. Neue Präpoſitionen zeigen Ἱέρων (ὑπέρ), Ἱππικῇ (ὑπό), neue Präpoſitionsadverbien ἱππικός, κυνηγετικός, οἰκονομικός (ἄνευ), συμπόσιον (ἄχρι und μεταξύ), Ἑλληνικά (ἄνευ und ἅμα τῷ), neue Präpoſitionen und Präpoſitionsadverbien die Kyropädie (ὑπό und ἄνευ).

Daß bei dieſer erhöhten Verwendung der Infinitivkonſtruktion die Vertretung der Nebenſätze mehr hervortritt, cf. pag. 50, und die Tempusfunktion mehr zur Geltung kommt, ist eigentlich selbstverständlich.

POLYBIUS hat diese Verbindung im weitesten Umfange in seinem Geschichtswerke verwendet. Zwar weist er die Verknüpfung von ἀντί, ἀπό, ὑπό, ἄχρι, ἐγγύς und μεταξύ mit dem Infinitiv zurück. Doch ersetzt er diesen Mangel mehr als reichlich

1) Durch bedeutend erhöhtes Heranziehen der sonst schon verwendeten Präpositionen und Präpositionsadverbien, cf. Tabellen pag. 3 ff.

2) Dadurch, daß er περί, ἐπί und πρός dem Zweikasussystem unterwirft.

3) Durch Einführen von ἕως, πλήν, χάριν und χωρίς.

Welches sind nun die Gründe, welche bei POLYBIUS zu der außerordentlichen Erhöhung der Frequenz führten? Der Hauptgrund ist zu suchen in der Tendenz des Autors. Wie dieser selbst an einer Stelle auseinandersetzt, geht sein Hauptstreben in der geschichtlichen Darstellung darauf aus, ohne Berücksichtigung schöner Form die nackte Wahrheit zu geben und den Zusammenhang zwischen Ursache und Wirkung klarzulegen. Das bewußte Hintansetzen schöner Darstellung führte zum unbedenklichen Aneinanderreihen vieler gleichberechtigter Glieder. An Stelle des kunstvollen, architektonischen Aufbaues eines Satzgefüges tritt ein einfaches und schmuckloses Aneinanderfügen des Baumaterials. An Stelle früherer Gliederung durch Nebensätze tritt jetzt Ersatz durch Infinitivkonstruktion (cf. pag. 50 ff.). Daß das Anhäufen derselben durch den Pragmatismus des POLYB, durch sein Fragen nach dem weshalb? und wozu?, ferner durch seine — ich möchte fast sagen — wiederholte Rechenschaftsablage wesentlich gefördert wurde, liegt klar zu Tage. Einige Beispiele mögen diese Eigentümlichkeit illustrieren:

1 4 13 τοῦτο γὰρ ποιήσομεν χάριν τοῦ λαμβάνειν ἀρχὰς τοιαύτας ἐξ ὧν ἔσται σαφῶς κατανοεῖν ἐκ τίνων ἕκαστοι καὶ πότε καὶ πῶς ὁρμηθέντες εἰς ταύτας παρεγένοντο τὰς διαθέσεις ἐν αἷς ὑπάρχουσιν νῦν;

118₃₀ ἡγοῦμαι γὰρ τὴν περὶ αὐτῶν ἱστορίαν οὐ μόνον ἀξίαν εἶναι γνώσεως καὶ μνήμης, ἀλλὰ καὶ τελέως ἀναγκαίαν, χάριν τοῦ μαθεῖν τίσι . . . 345₅ ταῦτα μὲν οὖν ἡμῶν εἰρήσθω χάριν τοῦ μὴ διαβάλλεσθαι τὸ κοινὸν ἦθος Ἀρκάδων;

15₂₆ οὐχ ἧττον δὲ τῶν προειρεμένων παρωξύνθην ἐπιστῆσαι τούτῳ τῷ πολέμῳ καὶ διὰ τὸ τοὺς ἐμπειρότατα δοκοῦντας γράφειν . . . μὴ δεόντως ἡμῖν ἀπηγγελκέναι τὴν ἀλήθειαν u. ſ. w.

Ähnliche Dienſte leiſten ἅμα τῷ, μετὰ τό u. a., um das zeitliche Verhältnis zu fixieren.

Durch folgendes unterſcheidet ſich Polybius hauptſächlich von ſeinen Vorgängern:

1) Er weiſt mehrere Präpoſitionen, die den Genetiv regieren, zurück; er beſchränkt ſich auf ἐκ, πρό und ὑπέρ; das letztere hat oſt die Stelle von περί eingenommen, um den Hiatus zu vermeiden.

2) Der Akkuſativ tritt im Vergleich zu den anderen Kaſus beſonders ſtark hervor, namentlich bei διά, εἰς und πρός.

3) Er zeigt eine beſondere Vorliebe für die Präpoſitionsadverbien, namentlich für χάριν und ἅμα.

4) Bei Polybius zeigen ſich die erſten Anfänge und zugleich auch die häufige Verwendung formelhafter Ausdrücke, die ſich dann fortpflanzten zum Teil bis in die byzantiniſche Zeit, cf. die Abſchnitte über ἐν (pag. 19), ἐκ (pag. 15) und ἅμα (pag. 39).

Diodor teilt die ſo große Vorliebe Polybs für dieſe Konſtruktion nicht; er zeigt eine große Abneigung gegen die Präpoſitionsadverbien, verſchmäht ἔξω, ἕως, πλὴν τοῦ. Χάριν und ἅμα, die Lieblinge Polybs, zeigen ſich bei ihm nur ſelten. Daſür zieht er die von Polybius zurückgewieſenen Präpoſitionen ἀντί und ἀπό wieder herein. σὺν τῷ c. Inf. hat er zuerſt in die Hiſtoriographie eingeführt.

In ſeinem ſonſtigen Gebrauche folgte er ſeinem Vorgänger.

Josephus hat nebſt Polybius die Verbindung des Infinitivs mit Präpoſitionen am meiſten angewendet, ja er hat mehr Präpositionen herangezogen als POLYBIUS, wenn er auch numerisch weniger Fälle aufweist als der Megalopolite.

Sämtliche Präpositionen, welche die Historiker vor ihm frequentierten, hat er sich — mit Ausnahme von σὺν τῷ c. Inf. — zu eigen gemacht. Alle Präpositionen (διά, μετά, ἐπί, πρός), welche dem Zweikasussystem unterworfen werden können, weist JOSEPHUS auf. Ferner hat er sämtliche polybianischen Präpositionsadverbien (χάριν und χωρὶς τοῦ ausgenommen) nebst dem xenophonteischen ἐγγὺς τοῦ c. Inf. in Anwendung gebracht, obgleich gerade hierin seine Frequenz neben der POLYBS verschwindend klein ist (13 Fälle : 195).

In allen bisher üblichen Funktionen hat er die einzelnen Präpositionen und Präpositionsadverbien benutzt, ja die Sphäre von einigen hat er erweitert, cf. ὑπὲρ τοῦ pag. 17, ὑπὸ τοῦ pag. 18 u. a.

Mit PLUTARCH beginnt nun — die Atticisten sind von dieser Betrachtung ausgeschlossen — die rückläufige Bewegung dieser Gebrauchsweise, wenn auch hie und da noch eine Neuerung hervortritt (cf. ἔμπροσθεν, ἀπωτάτω, πορρωτάτω u. a.). Präpositionen, welche dem Zweikasussystem unterworfen waren, werden wieder dem Einkasussystem eingereiht; neu aufgekommene Funktionen finden keine Beachtung mehr und im ganzen erfolgt ein Zurückgehen auf XENOPHON oder THUKYDIDES.

Da eine weitere Ausführung nur zur Wiederholung schon besprochener Fragen führen würde, so wende ich mich mit Übergehung des DIO CASSIUS, HERODIAN und ZOSIMUS zur kurzen Behandlung der

Atticisten.

Wie wir bereits gesehen, bleiben DIONYS, ARRIAN und APPIAN weit hinter der Frequenz XENOPHONS, ja hinter der des THUKYDIDES zurück. Sie machten also in ihrem Streben nach Sprachreinigung gegen die aufkommende Infinitivkonstruktion ganz energisch Front, setzten dem Weiterblühen ein Ende, ja sie gingen in ihrer Rigorosität noch weiter als ihre Vorgänger. Trotzdem zeigte sich in manchen Punkten die Macht der Gewohnheit stärker als die der zielbewußten Tendenz, der Zeitsprache zum Trotz ein verschollenes Idiom wieder ins Leben zu rufen. Besonders bei dem ältesten hier in Betracht kommenden Autor, bei DIONYS, zeigt sich dies. Denn er hat präpositionale Verbindungen, die bei den Attikern verpönt sind, in seine Schriften aufgenommen, hat formelhafte Wendungen POLYBS sich zu eigen gemacht und ist vor allen Dingen der Vorliebe für Präpositionsadverbien entgegengekommen. So gebraucht er ἔξω τοῦ, χάριν τοῦ und ἅμα τῷ, ja er erneuert sogar und führt ὁμοῦ τῷ c. Inf. in die Historie ein. Ferner gewährte er dem nur einmal bei XENOPHON stehenden ὑπὲρ τοῦ ziemlich freundliche Aufnahme und zwar, wie wir gesehen, in der geschwächten Bedeutung. Durch παρὰ τό umschreibt DIONYS ebenso wie POLYB einen Kausalsatz; ἀπὸ τοῦ gebraucht er lokal als Gegensatz zu ἐπὶ τό.

ARRIAN, obwohl im ganzen konsequenter, verfiel dem gleichen Geschick; er verwendet ἐγγύς und πόρρω τοῦ, ja er hat ein neues Präpositionsadverbium eingeführt, nämlich ἐπίπροσθεν.

APPIAN war am ängstlichsten in der Anwendung des Infinitivs, verbunden mit Präpositionen und Präpositionsadverbien.

Gestützt auf die Einzelangabe der vorausgegangenen Abschnitte kann ich nun noch zwei Fragen allgemeiner Art erörtern:

I. Welches ist der Gebrauch des Kasus?

Auch bei einer nur flüchtigen Betrachtung des Materials fällt folgendes auf.

Bei Präpositionen und Präpositionsadverbien tritt in Verbindung mit dem Infinitiv eine Reduktion der Kasussysteme ein, denn

a) bei den Präpositionsadverbien herrscht nur das Einkasussystem, während doch einzelne (cf. KREBS, Präpositionsadverbien,

II. pag. 48 ff.) mit Genetiv und Dativ von Substantiven verbunden werden.

Der Akkusativ des Infinitivs wird nie mit einem Präpositionsadverbium verknüpft. Genetiv und Dativ kommen sich numerisch gleich.

b) Bei den Präpositionen fehlt das Dreikasussystem völlig. Das Zweikasussystem beschränkt sich auf

διά, περί, μετά mit Gen. u. Akkus.

πρός u. ἐπί mit Dat. u. Akkus.

Διά wird hauptsächlich mit dem Akkusativ verbunden als Vertretung eines Kausalsatzes. Der Genetiv des Infinitivs findet sich nur bei Xenophon, Josephus, Plutarch und Dio Cassius.

Μετά wird bei Herodot nur mit dem Akkusativ verbunden, bei Thukydides nur mit dem Genetiv. Polybius zieht jedoch wie Herodot den Akkusativ in ihre Sphäre und blieb nun maßgebend für alle Historiker mit Ausnahme Arrians und Appians, welche μετά überhaupt nie mit dem Infinitiv verbinden, ebenso wie Xenophon. Der Genetiv findet sich noch bei Dionys, Josephus und Zosimus.

Περί nahm eine ähnliche Entwicklung. Hier haben auch erst Polybius und seine Nachfolger den Akkusativ des Infinitivs zu dieser Präposition gesetzt. Er fand hierin auch Nachahmung bei Dionys, während Arrian und Appian diese Präposition ganz meiden und Zosimus sie nur mit dem Genetiv verbindet.

Für ἐπί und πρός bietet die Tabelle pag. 8 ein übersichtliches Bild der Entwicklung.

Bei dieser Präposition zeigt sich ein außerordentliches Überwiegen des Akkusativs über Genetiv und Dativ, denn:

Gen. : Akk. = 139 : 1422.

Dat. : Akk. = 315 : 491.

Besonders gilt dies von den Autoren, welche der atticistischen Diktion fernstehen. Es übernimmt hierbei der Akkusativ die Funktion des Dativs. Denn während Thukydides und Xenophon das Ziel der Handlung durch ἐπὶ τῷ c. Inf. geben, tritt bei POLYBIUS meist ἐπὶ τό dafür ein.

Die übrigen Präpositionen werden von dem Einkasussystem beherrscht und es ergiebt sich hierbei folgendes Kasusverhältnis:

Gen. : Dat. : Akk. = 545 : 240 : 369.

Die einzelnen Kasus haben ihre ursprüngliche Kraft verloren und mußten so ersetzt werden durch Präpositionalverbindung; so tritt an Stelle 1) eines Gen. obi. ὑπὲρ τοῦ c. Inf., πρὸς τό c. Inf., περὶ τοῦ c. Inf. 2) Dat. instr. ὑπὸ τοῦ, διὰ τοῦ und μετὰ τοῦ c. Inf. 3) Acc. der Beziehung ein εἰς τό, πρὸς τό, κατὰ τό u. a.; cf. die Abschnitte über die genannten Präpositionen.

II. Wie werden die Nebensätze umschrieben?

Wir haben gesehen, daß bis auf POLYBIUS die Infinitivkonstruktion in steter Zunahme begriffen war. Hand in Hand mit dieser Ausdehnung geht ein Schwinden der Subordination; die Zahl der Konjunktionen wird eine geringere und die Frequenz der einzelnen Konjunktionen nimmt ab. Als Beweis diene das Verhältnis der Finalsätze bei THUKYDIDES, XENOPHON und POLYB.

THUKYDIDES gebraucht die Konjunktionen:

ὅπως mit Conj. u. Opt. u. Ind. Fut. ἵνα, ἵνα μή, μή	sein Prozentsatz 40,8.

XENOPHON gebraucht:

ὅπως mit Conj. u. Opt. u. Ind. Fut. ἵνα, ἵνα μή, μή ὡς mit dem Conj. u. Opt. u. Ind. Fut.	sein Prozentsatz 71,28.

POLYBIUS dagegen beschränkt sich fast[1] ausschließlich auf ἵνα, ἵνα μή und μή und sein Prozentsatz ist 15,96.

---

[1] ὡς und ὅπως sind nicht völlig geschwunden; doch ὡς findet sich nur ein einziges Mal 573₁₉ und ὅπως nur fünfmal mit Conj. und Opt. Doch ist dabei zu beachten, daß es nie in den erhaltenen 5 Büchern vorkommt und daß an drei von den fünf Stellen ἵνα einen Hiatus erzeugen würde, cf. 694_{13}, 723_{4}, 781_{17}, 1354_{10-12}.

Im umgekehrten Verhältnis nun, wie diese Finalsätze abnehmen, wächst die Zahl der Präpositionen, welche von Haus aus finale Bedeutung besitzen oder die Möglichkeit bieten, dieselbe anzunehmen.

Herodot zeigt, wie bereits erwähnt, noch keinen Fall auf, wo wir gezwungen wären, eine Infinitivkonstruktion als Vertretung eines Nebensatzes aufzufassen. Diese konnte erst eintreten, nachdem der sogen. Accusativus cum Infinitivo in Verbindung mit Präpositionen gesetzt wurde. Diese Neuerung erfolgte durch Thukydides.

I. Temporalsätze werden bei Thukydides durch πρὸ τοῦ, ἐν τῷ und μέχρι τοῦ ersetzt (im ganzen neun Fälle). Zu diesen fügt Xenophon μεταξύ und ἅμα (im ganzen nur sieben Fälle). Diese Vertretung nimmt bei Polybius ganz bedeutende Dimensionen an; die von Xenophon herangezogenen Präpositionen und Präpositionsadverbien πρό, ἐν und μέχρι treten viel häufiger auf; das bei Herodot temporal gebrauchte μετὰ τό findet sich sechsundzwanzigmal und zwar siebenzehnmal gleich einem völligen Nebensatz. Besonders das Präpositionsadverbium ἅμα tritt sehr hervor: einmal von Xenophon — aber nicht temporal! — angewendet, zeigt es sich an 100 Stellen Polybs als Ersatz eines Nebensatzes mit ὅτε (cf. Krebs, Präpositionsadverbien, I. 58). Außer dem schon genannten μέχρι finden wir noch ἕως τοῦ c. Inf. = Temporalsatz zuerst bei Polyb (cf. Krebs, Präpos., I. 52, und diese Arbeit pg. 38). Bei den nächsten Nachfolgern Polybs vermindert sich diese Gebrauchsart sehr. Diodor weist zwar den Präpositionen πρό und ἐν ein größeres Gebiet an, zeigt dafür aber eine große Abneigung gegen die Präpositionsadverbien, hauptsächlich gegen ἅμα. Dieses Sinken hält an, doch findet ἅμα τῷ von neuem Begünstigung bei Dionys und Plutarch. Letzterer verwendet auch ἄχρι τοῦ. Arrian umschreibt einen Temporalsatz nur mit ἐν; Appian sagt sich von diesem Gebrauch ganz los. Ein neuer Aufschwung erfolgt bei Dio Cassius (ἅμα 4, πρό 6, ἐν 2, μετὰ τό 4). Herodian (ἅμα 12, μετὰ τό 7) und Zosimus (ἅμα 16, ἐν 5).

II. Finalſätze werden bei HERODOT nie umſchrieben. Bei THUKYDIDES übernehmen dieſe Funktion περὶ τοῦ an zwei Stellen (II. 178 32 entſpricht περὶ τοῦ geradezu einem ſolchen: οὐ γὰρ περὶ τοῦ αὐτοὶ σωθῆναι μόνον ἔτι τὴν ἐπιμέλειαν ἐποιοῦντο, ἀλλὰ καὶ ὅπως ἐκείνους κωλύσωσιν). Einen Anlauf, dieſem Zwecke zu dienen, nimmt εἰς τό I. 11 5; hauptſächlichſter Vertreter dieſer Gebrauchsweiſe iſt ἐπὶ τῷ an ſieben Stellen, ἐπὶ τό an einer I. 132 10 (cf. pag. 31). Zum erſten Male findet ſich hier ἕνεκα.

In den Schriften XENOPHONS haben die gleichen Präpoſitionen und Präpoſitionsadverbien dieſe Funktion übernommen; beſonders erhöht iſt die Frequenz bei ἕνεκα und εἰς. Zu dieſem tritt eine neue: ὑπέρ.

POLYBIUS treibt auch hier die Umſchreibung auf die Spitze und zieht zu dieſem Behufe beſonders die Präpoſitionen ὑπέρ, εἰς, πρὸς τό, ἐπὶ τό und περὶ τοῦ und die Präpoſitionsadverbien ἕνεκα τοῦ und χάριν heran.

Mit DIODOR tritt auch hier eine Reduktion ein und beſonders χάριν trägt die Koſten dieſer Beeinträchtigung. DIONYS beſchränkt ſich auf ὑπέρ, περὶ τοῦ, εἰς τό, ἐπὶ τῷ und τό, ἕνεκα τοῦ und χάριν τοῦ. Bei JOSEPHUS nimmt dieſe Erſcheinung numeriſch zu, mit ihm ſchwindet χάριν τοῦ aus der behandelten Litteratur. Auf ſeiner Stufe hält ſich PLUTARCH. Mit ARRIAN und beſonders APPIAN ſcheidet dieſe Vertretung immer mehr und kann auch bei HERODIAN, DIO CASSIUS und ZOSIMUS keinen großen Spielraum mehr gewinnen.

III. Kauſalſätze werden nur durch Präpoſitionsverbindungen erſetzt und zwar bei THUKYDIDES durch ἀπό, διὰ τό (fünfundſechzigmal) und κατὰ τό (I. 150 18). XENOPHON fügt zu denſelben noch ὑπὸ τοῦ und ἐπὶ τῷ. POLYBIUS weiſt ἀπό und ὑπό zurück und iſt auch im Gebrauch von ἐκ τοῦ ſparſamer als THUKYDIDES. Kauſalbedeutung hat παρά an einer Stelle. Διὰ τό und ἐπὶ τῷ (über die allmähliche Entwicklung cf. pag. 31) haben beſonders die Vertretung übernommen.

Diodor ſteht weit hinter Polybius zurück (112 : 506 Fälle) und beſchränkt ſich auf ἐκ τοῦ, ἐπὶ τῷ und διὰ τό.

Josephus kommt von ſämtlichen Hiſtorikern dem Polybius am nächſten, weicht aber darin von ihm ab, daß er ἀπὸ τοῦ und namentlich ὑπὸ τοῦ in verhältnismäßig großer Zahl heranzieht. Mit Plutarch beginnt das allmähliche Aufgeben der Erſetzung, und für die Atticiſten iſt dieſes negative Verhalten charakteriſtiſch.

Materialſammlung.

1) Präpositionen in Verbindung mit dem Genetiv des Infinitivs.

ἀντὶ τοῦ c. Inf.

HERODOT: mit Inf. praes. I. 79_{11}, 167_{12} (NB. I. 120_{11}, II. 80_{17}, 219_{22} ohne Artikel).

THUKYDIDES: mit Inf. praes. I. 41_{16} (Rede), 274_{30} (Rede), II. 157_{22} (D.), $123_{31, 32}$ (Rede).
mit Acc. c. Inf. praes. II. 195_{19} (D.).

XENOPHON: mit Inf. praes. Hell. 49_{12}, 86_{2}, Kyrop. 90_{4}, 221_{9}, 237_{3}, 332_{29}; scr. min. 2_{31}, 85_{14}, 120_{30}, 121_{1}, 122_{13}, 137_{11}, 138_{12}, 149_{28}, $169_{24, 29}$, 261_{2}; comm. $19_{3, 5}$, 36_{30}; aor. scr. min. 305_{30}.
mit Acc. c. Inf. praes. scr. min. 31_{49}, 40_{2}, 169_{12}; com. 56_{9}, 80_{24}.

DIODOR: mit Inf. praes. I. 94_{23}.

DIONYS: mit Inf. praes. II. 284_{32}, III. 141_{29}, 164_{29}, IV. 112_{4}.

JOSEPHUS: mit Inf. praes. II. 206_{19}, VI. 206_{14}.
mit Acc. c. Inf. perf. IV. 17_{5}.

PLUTARCH: mit Inf. praes. I. 31_{29}, III. 328_{15}, 382_{23}.

ARRIAN: mit Inf. praes. An. 301_{13}.

DIO CASSIUS: mit Inf. aor. I. 90_{8}.

ἀπὸ τοῦ c. Inf.

THUKYDIDES: mit Inf. praes. I. 83_{27} (D.), 129_{21} (Rede).

XENOPHON: mit Inf. praes. scr. min. 232_{2}.
mit Acc. c. Inf. praes. scr. min. 275_{8}, comm. 30_{17}.

DIODOR: mit Inf. praes. I. 18$_{18}$, 65$_{12}$, 344$_{10, 11, 17, 22, 24, 25, 30}$, II. 20$_{32}$, 84$_{32}$; perf. I. 208$_{14}$.
mit Acc. c. Inf. praes. I. 18$_{15, 19}$, 297$_{20}$, 314$_{3}$, 344$_{19, 27}$; aor. I. 340$_{24, 29}$, II. 80$_{28}$, 90$_{21}$, 186$_{9}$.

JOSEPHUS: mit Inf. praes. III. 61$_{17}$, IV. 199$_{8}$; aor. I. 180$_{27}$.
mit Acc. c. Inf. praes. VI. 135$_{15}$.

PLUTARCH: mit Inf. praes. II. 191$_{10}$, III. 15$_{7}$, 89$_{14}$, IV. 350$_{9}$.

ARRIAN: mit Inf. praes. scr. min. 60$_{14}$.

DIO CASSIUS: mit Inf. praes. scr. min. I. 8$_{30}$, III. 95$_{11}$.

Es ſteht nach den

Subſtantiven:

δόξα PLUT. II. 191$_{10}$.
δύναμις PLUT. III. 15$_{7}$, 89$_{14}$.
ἡδονή XEN. comm. 30$_{17}$.
ἰσχύς PLUT. IV. 350$_{9}$.
ὄνομα D. C. I. 8$_{30}$.
προσηγορία DIOD. I. 314$_{8}$; JOS. VI. 135$_{18}$.

Adjektiven: ἄξιος JOS. IV. 199$_{8}$.

Verben:

ἀποθεσπίζειν DION. II. 263$_{4}$.
ἄρχεσθαι XEN. scr. min. 232$_{3}$.
γίγνεσθαι μέγας THUK. I. 83$_{27}$.
γνωρίζειν XEN. scr. min. 275$_{8}$.
ἐπιγιγνώσκειν JOS. I. 180$_{27}$.
καλεῖσθαι DIOD. II. 186$_{9}$; JOS. III. 61$_{7}$; DION. III. 99$_{11}$; ARR. scr. min. 60$_{14}$.
καταβαίνειν DION. III. 62$_{15}$.
λέγεσθαι DIOD. 18$_{18, 19}$.
ὀνομάζειν DIOD. I. 18$_{15}$, 340$_{24, 29}$, 344$_{10, 17}$, 208$_{14}$, II. 90$_{21}$.
προσαγορεύεσθαι DIOD. I. 297$_{20}$. II. 20$_{32}$, 80$_{28}$, 84$_{32}$; D. C. III. 95$_{11}$.
τεκμαίρεσθαι DIOD. I. 65$_{12}$.
τιμᾶσθαι THUK. I. 129$_{21}$.

ἐκ τοῦ c. Inf.

THUKYDIDES: mit Inf. praes. I. 22$_{10}$, 118$_{23}$, 124$_{3}$, II. 11$_{17}$, 94$_{19}$ (bis); aor. I. 171$_{4}$, 187$_{12}$, II. 188$_{10}$.
mit Acc. c. Inf. praes. I. 73$_{19}$, 174$_{32}$, II. 93$_{19}$.

XENOPHON: mit Inf. praes. An. 66$_{5}$, 68$_{21}$, Kyrop. 19$_{4}$; scr. min. 48$_{27, 28}$, 94$_{6}$, 200$_{19}$, 203$_{11}$; comm. 106$_{26}$.
mit Acc. c. Inf. praes. comm. 133$_{5}$; perf. scr. min. 256$_{7}$.

POLYB: mit Inf. praes. 127_{14}, 253_{20}, 307_{15}, 451_{20}, 838_{13}, 873_{6}, 1108_{20}, 1154_{21}, 1277_{21}, 1359_{21}; aor. 202_{29}, 253_{23}, 473_{11}, 873_{6}.

mit Acc. c. Inf. praes. 82_{5}, 1128_{11}; perf. $840_{24, 26}$.

DIODOR: mit Inf. praes. I. $110_{4, 6}$, 223_{3}, 256_{14}, 410_{22}, 437_{11}, II. 312_{5}, 327_{14}, 454_{6}, III. 213_{5}, 373_{10}, 382_{31}, 407_{23}, 509_{10}, 510_{10}, 540_{5}, IV. 10_{28}, 471_{24}, V. 52_{11}, 116_{25}, 163_{30}; aor. II. 431_{8}; perf. I. 103_{5}.

mit Acc. c. Inf. praes. I. 110_{24}, 128_{13}, II. 440_{30}; aor. II. 431_{6}.

DIONYS: mit Inf. praes. I. 227_{30}, 238_{20}, 317_{29}, II. 42_{7}, III. 218_{10}, IV. 72_{6}; aor. I. 238_{20}, III. 228_{27}, IV. 106_{1}; perf. IV. 149_{18}.

JOSEPHUS: mit Inf. praes. I. 90_{32}, 135_{30}, 173_{17}, 180_{29}, 184_{9}, 186_{30}, 190_{22}, 207_{30}, 239_{27}, 262_{12}, II. 271_{31}, III. 10_{5}, 162_{3}, 228_{2}, 287_{7}, 288_{7}, 291_{17}, 330_{4}, IV. 13_{14}, 24_{17}, 98_{24}, 114_{20}, $170_{15, 28}$, 221_{8}, V. 84_{19}, 109_{2}, 142_{6}, VI. 128_{2}, 258_{26}; aor. I. 271_{21}, II. 56_{15}, IV. 99_{26}, V. 243_{10}; perf. I. 105_{32}, 179_{9}, IV. 30_{19}, 210_{6}.

mit Acc. c. Inf. praes. I. 222_{4}, II. 30_{7}, 87_{30}, IV. 116_{18}, VI. 280_{30}; aor. III. 110_{30}, V. 108_{20}; perf. VI. 182_{20}.

PLUTARCH: mit Inf. praes. I. 171_{14}, 319_{16}, II. 241_{12}, 502_{14}, III. 141_{23}, 318_{16}, IV. 51_{29}, 113_{22}, 139_{6}, 242_{30}, V. 29_{17}; aor. III. 133_{17}, 299_{3}, 303_{26}, 367_{11}.

mit Acc. c. Inf. praes. II. 130_{32}; aor. III. 278_{9}.

APPIAN: mit Inf. praes. 825_{3}; perf. 825_{3}.

mit Acc. c. Inf. perf. 769_{20}.

DIO CASSIUS: mit Inf. praes. I. 24_{4}, 28_{23}, $50_{18, 19}$, 79_{26}, 119_{5}, 167_{22}, II. 64_{27}, 104_{18}, 210_{23}, 349_{7}, II. 70_{4}, $96_{13, 17}$, 171_{25} (bis), 224_{15}, IV. 103_{13}, 124_{17}; aor. I. 82_{3}, II. 11_{4}, 20_{30}, 124_{19}, III. $86_{7, 8}$, 163_{12}, IV. 268_{3}; perf. I. 283_{17}, II. 197_{16}, 331_{6}, 349_{7}, III. 270_{17}.

mit Acc. c. Inf. praes. I. 61_{6}; aor. I. 83_{2}; perf. I. 79_{25}.

HERODIAN: mit Inf. praes. 42_{16}, 149_{20}.
mit Acc. c. Inf. praes. 52_{15}.
ZOSIMUS: mit Inf. praes. 171_{20};
mit Acc. c. Inf. praes. 54_{12}; aor. 38_{11}.

Es wird gebraucht

I. Lokal auf die Frage: Woher?

nach:

ἀποδιδράσκω XEN. Kyrop. 19_{4}.
ἀφιέναι XEN. scr. min. 203_{10}.
ὁρμᾶν XEN. scr. min. 256_{7}; PLUT. I. 171_{14}.
ὑπάγεσθαι JOS. IV. 13_{14}.

ἐκ τοῦ ζῆν steht nach

ἀπαλλαγή JOS. I. 90_{32}.
ἀπαλλάττω POL. 1154_{31}.
ἀπιέναι JOS. II. 271_{31}.
ἐκχωρεῖν POL. 127_{14}.
ἐξάγειν POL. 1128_{11}, 1359_{12}, DIOD. I. 265_{14}. DION. II. 42_{7}.
μεθιστάναι ἑαυτόν DIOD. I. 223_{2}, 232_{31}, 410_{22}, 437_{11}, II. 312_{1}, 327_{14}, III. 213_{50}, 373_{10}, 382_{31}, 501_{10}, 509_{10}, V. 52_{1}, 163_{30}, JOS. I. 190_{22}.
μεθίστασθαι POL. 1277_{31}.
προεξάγειν POL. 1218_{14}.

Eigentümlich ist:

ZOS. 171_{20} τοῖς ἐκ τοῦ ζῆν ἀμέμπτως ἔχουσι δόξαν ἐφθόνει.

II. Begrifflich zur Begründung

1. Eines Zustandes:

a) Der Seele:

ἄνεσις PLUT. II. 130_{32}, V. 29_{17}.
ἀπέχθεια PLUT. IV. 51_{29}.
ἐλπίς DIOD. III. 407_{23}, JOS. III. 228_{2}.
ἡδονή JOS. IV. 99_{26}, 116_{18}.
θρασύτης PLUT. II. 130_{32}, V. 29_{17}.
μῖσος JOS. IV. 30_{19}.
σπουδή D. C. III. 270_{17}.
φόβος DIOD. IV. 471_{24}.

αὐθαδής DION. IV. 149_{18}.
δραστικός DIOD. IV. 10_{26}.
εὐδαίμων DION. I. 237_{30}.
εὔελπις HEROD. 149_{20}.
θαρράλεος JOS. V. 243_{10}.

ἀλγεῖν Jos. III. 291 17.
ἐπαίρεσθαι D. C. I. 83 9.
εὐδαιμονεῖν Jos. I. 262 12.
θαρρεῖν Jos. I. 105 32.
καταπλήττεσθαι Jos. I. 179 9.
κινεῖσθαι Jos. I. 167 32.

b) des Geiftes:

μετάνοια Jos. II. 87 30.
παρρησία Jos. V. 84 19.
ταπεινότης Jos. V. 142 16.

ἀκριβής Diod. I. 110 24.
πολύπειρος Diod. II. 431 8.
πραγματικός Diod. II. 431 8.
φιλότεχνος Diod. IV. 10 26.

ἀρέσκειν Xen. scr. min. 94 6.
προθυμεῖσθαι D. C. I. 283 17.

c) allgemeiner Art:

ἀσφάλεια Jos III. 288 7, V. 109 2.
διαφορά Pol. 307 15.
δύναμις D. C. II. 200 13.
εὐκλεία D. C. II. 11 4.
ἰσχύς Jos. I. 180 29.
κινδύνευμα Dion. III. 218 10.
ῥοπή Plut. IV. 242 30.
σωτηρία Plut. IV. 169 6.
ταραχή D. C. IV. 124 17.
τιμή Jos. IV. 98 23.
τύχη Plut. I. 174 32.
ψόφος Thuk. I. 174 32.
ὠθισμός D. C. III. 270 17.

ἀγαθός D. C. II. 20 30.
ἀσφαλής Herod. 52 25.
ἄτιμος Xen. scr. min. 200 19.
δῆλος Pol. 1100 21; D. C. III. 163 19, I. 50 18, 19.
ἐπιτήδειος Dion. I. 317 29.
εὐδαίμων Dion. I. 227 30.
εὔχρηστος Pol. 202 29.
κοῖλος D. C. IV. 103 13.
μέγας Dion. I. 227 30.
φανερός Diod. I. 128 13.

ἀρέσκειν Xen. scr. min. 94 6.
διαλλάττω Jos. III. 10 1.
δύνασθαι D. C. I. 119 5.
ἐπικυμαίνω Plut. III. 318 12.
ἔχειν ἀσφαλῶς D. C. III. 171 25.
ἡγεῖσθαι Jos. III. 162 2.
κινδυνεύω Jos. II. 56 15.
κυριεύειν D. C. III. 96 17.

2. Zur Begründung von Handlungen:

a) des Geiftes:

α. einer Erkenntnis oder Auffaffung:

ἀποδεικνύναι Pol. 473 11.
ἐλέγχειν D. C. II. 124 19.
ἐνδείκνυσθαι D. C. IV. 268 3.
ἐξετάζω D. C. III. 96 13.

ἐπιδείκνυσθαι Jos. VI. 259_{26}.
ἐπισκοπεῖν Diod. I. 110_{16}.
θεωρεῖσθαι Diod. V. 116_{25}.
καταμαθεῖν Jos. III. 330_{4}.
καταστοχάζεσθαι Pol. $826_{24, 26}$.
μανθάνειν Xen. scr. min. 48_{27}.
νομίζειν Jos. VI. 128_{2}; D. C. I. 61_{6}, 62_{3}, II. 197_{15}.
παρεμφαίνειν Pol. 838_{13}.
πεισθῆναι Pol. $873_{6, 7}$.
συνιέναι Plut. III. 303_{26}.
τεκμαίρεσθαι Xen. comm. 106_{26}.
τιμᾶν Thuk. II. 11_{17}.
τοπάζειν App. 769_{20}.
ὑπολαβεῖν Plut. II. 241_{12}.

διαβολή Plut. III. 299_{3}.
λοιδορία Jos. IV. 170_{10}.

β. einer Gesinnung:

μετάνοια Jos. II. 83_{30}.
καταφρονεῖν D. C. I. 331_{6}.
μετανοεῖν Jos. I. 207_{30}.

γ. einer Benennung (Etymologie):

ἐπικαλεῖν D. C. III. 64_{27}.
μετονομάζεσθαι Thuk. I. 73_{19}.
ὀνομάζω Xen. comm. 133_{5}.
προσηγορία Jos. I. 239_{27}, III. 110_{29}.
προσρηθῆναι D. C. II. 104_{18}.

b) allgemeiner Art:

α. des Nützens und Schadens:

βλάπτω Thuk. II. 188_{10}.
πίπτειν εἰς ἔδαφος Jos. VI. 280_{30}.
συμμαχεῖν Diod. II. 440_{30}.
συμφέρειν Thuk. I. 118_{23}.
συναγωνίζεσθαι Jos. I. 271_{21}.
ὠφελεῖσθαι Diod. II. 454_{6}.
ὠφέλεια Thuk. I. 171_{4}.

β. des Verlierens und Erreichens:

ἀθροίζω D. C. III. 70_{4}.
ἀναλαβέσθαι Thuk. I. 187_{11}.
ἀφίημι Xen. scr. min. 203_{11}.
ἐπιτυχεῖν Jos. I. 135_{20}.
καρπεῖσθαι Plut. IV. 113_{22}.
κερδαίνω Dion. IV. 106_{1}.
κτήσασθαι Plut. III. 133_{17}; D. C. III. $86_{7, 8}$.
λαμβάνειν Thuk. I. 22_{11}; Pol. 82_{5}; Jos. IV. 26_{14}; Plut. III. 367_{11}.
μεταλαβεῖν Jos. I. 190_{22}.
περιγίνεσθαι Herod. 42_{16}.
προσλαβεῖν Plut. II. 502_{24}.
φέρειν ἐλπίδα D. C. I. $79_{25, 26}$.
φέρεσθαι αἰσχύνην Dion. III. 228_{27}.
ποριστής Jos. IV. 221_{8}.

γ. des Gewährens und Anordnens:

ἱδρύω D. C. II. 64_{27}.
καταλείπω Jos. III. 330_{4}.
παρασκευάζω Pol. 451_{20}.
παρέχω Xen. An. 68_{30}; Plut. III. 278_{8}.
ποιεῖν Xen. An. 66_{5}; D. C. III. 224_{15}.
πορίζω Jos. I. 173_{17}, III. 287_{7}.
προςτίθεσθαι D. C. I. 28_{23}.
τίθεσθαι νόμον Thuk. I. 93_{19}.

δ. des Entstehens und Besitzens:

γίγνεσθαι Jos. I. 184_{9}, IV. 114_{30}, 72_{6}; App. 825_{3}; D. C. II. 20_{30}, III. 270_{17}, IV. 72_{6}, 103_{13}, 124_{17}.
εἶναι Pol. $253_{20, 23}$.
ἔχειν Diod. III. 103_{5}, 540_{5}; D. C. II. 11_{4}.
φύεσθαι Jos II. 30_{7}.
χρῆσθαι Jos. I. 24_{4}.

ε. rein kausal:

D. C. II. 349_{7}, 64_{27}, III. 270_{4}; Jos. VI. 280_{30}; Zos. 38_{11}.

NB. Zos. 54_{11} kann, weil fragmentarisch, nicht klassifiziert werden.

πρὸ τοῦ c. Inf.

a) Temporal:

Thukydides: mit Inf. praes. I. 206_{1} (D.), 272_{27} (R.); aor. II. 61_{8} (R.).

Xenophon: mit Inf. praes. comm. 42_{1}, 54_{14}; aor. comm. 125_{12}.

Polybius: mit Inf. praes. 552_{22}; aor. 246_{20}, 1083_{15}.
mit Acc. c. Inf. praes. 894_{24}; aor. 175_{12}, 180_{7}, 212_{6}, 470_{22}, 524_{8}, 565_{11}, 976_{32}, 1044_{11}.

Diodor: mit Inf. praes. V. 110_{13}; aor. I. 96_{14}, II. $63_{8, 13}$, 79_{30}, III. 616_{31}, IV. 6_{4}, V. 29_{15}, 53_{5}, 186_{9}.
mit Acc. c. Inf. aor. I. 272_{27}, II. 86_{26}, 271_{10}, III. 193_{6}, 546_{2}, IV. 95_{5}, 109_{24}, 191_{14}.

Dionys: mit Inf. aor. II. 3_{2}, 102_{26}.
mit Acc. c. Inf. aor. II. 98_{23}.

Josephus: mit Inf. aor. III. 262_{20}, IV. 249_{26}, 309_{30}, 319_{15}, V. 344_{9}, VI. 30_{21}, 162_{15}.
mit Acc. c. Inf. aor. I. 175_{2}, IV. 100_{16}, 309_{18}.

PLUTARCH: mit Inf. praes. I. 427_{8}, III. 248_{6}; aor. III. 267_{26}, IV. 15_{10}, 46_{1}.
mit Acc. c. Inf. praes. II. 75_{3}; aor. II. 377_{25}, 394_{29}, III. 370_{14}, IV. 129_{23}, 425_{14}, 428_{31}.

DIO CASSIUS: mit Inf. aor. I. $92_{11,\,13}$, 236_{4}, IV. 193_{22}, 197_{24}, 260_{30}.

b) Comparativ:

THUKYDIDES: mit Inf. aor. II. 60_{1} (R.).

PLUTARCH: mit Inf. praes. V. 29_{28}.

DIO CASSIUS: mit Inf. praes. I. 251_{3}; aor. III. 206_{28}.

ὑπὲρ τοῦ c. Inf.

XENOPHON: mit Acc. c. Inf. praes. scr. min. 120_{24}.

POLYB: mit Inf. praes. 282_{10}, 945_{11}, 964_{9}, 1114_{17}, 1155_{12}, 1157_{16}, 1184_{29}, 1200_{26}; mit Inf. aor. 53_{10}, 290_{25}, $452_{11,\,17}$, 523_{16}, 699_{14}, 1129_{2}, 1131_{12}.
mit Acc. c. Inf. praes. 437_{18}, 1139_{11}; aor. 290_{25}, 429_{10}; fut. 437_{30}; perf. 1101_{7}, 1139_{30}, 1249_{7}.

DIODOR: mit Inf. praes. II. 179_{8}, III. 301_{20}, 609_{12}, V. 111_{26}; aor. II. 486_{21}, III. 265_{24}, 405_{10}, IV. 48_{12}, V. 103_{11}.
mit Acc. c. Inf. praes. III. 428_{22}; perf. 332_{18}.

DIONYS: mit Inf. praes. II. 54_{16}, 179_{32}, III. 126_{16}; aor. I. 129_{23}, II. 129_{18}, 192_{26}, 253_{24}; fut. 149_{4}, IV. 174_{19}, 207_{25}.
mit Acc. c. Inf. praes. I. 184_{31}, II. 95_{6}, III. 51_{28}; aor. III. 105_{1}, IV. 131_{24}; perf. II. 151_{14}, IV. 236_{3}.

JOSEPHUS: mit Inf. praes. I. 59_{25}, III. 210_{7}, 330_{26}, IV. 128_{13}, 173_{5}, 276_{27}, 327_{9}, 339_{31}, 349_{5}, V. 180_{31}, 297_{3}, 305_{6}, VI. 73_{20}; aor. I. 82_{8}, 119_{30}, 212_{9}, II. 154_{15}, III. 163_{17}, IV. 79_{5}, 288_{17}, 293_{7}, 314_{21}, 322_{19}, 327_{21}, 333_{5}, $344_{9,\,27}$, 346_{4}, V. 173_{5}, $182_{11,\,16}$, VI. 81_{1}, 203_{5}; fut. I. 195_{26}, III. 119_{8}, IV. 270_{12}, VI. 142_{3};
mit Acc. c. Inf. praes. I. 14_{24}, 153_{24}, III. 226_{9}, IV. 172_{29}, 313_{25}, 316_{5}, 325_{18}; aor. I. 38_{26}, 102_{27},

166_{22}, II. 123_{24}, 130_{14}, 309_{24}, III. 215_{7}, IV. 250_{17}, 306_{8}, 329_{31}, VI. 180_{13}.

Plutarch: mit Inf. praes. I. 149_{23}, 350_{25}, II. 55_{1}, 179_{20}, 550_{18}, III. 141_{32}, 47_{11}; aor. I. 100_{20}, 377_{11}, II. 82_{29}, 130_{17}, 363_{4}, 419_{30}, 479_{14}, 502_{18}, 526_{8}, III. 371_{32}, IV. 205_{32}, 215_{8}, 207_{2}, 409_{26}, 293_{14}.

mit Acc. c. Inf. praes. II. 36_{29}, 358_{8}, III. 245_{29}; aor. I. 84_{7}, II. 388_{24}, III. 301_{11}, V. 228_{5}.

Arrian: mit Inf. praes. An. 296_{24}; aor. An. 300_{16}; fut. An. 49_{13}.

Dio Cassius: mit Inf. praes. I. 311_{20}, III. 61_{16}, 85_{32}, 86_{1}; aor. III. 48_{12}, $_{13}$, 84_{19}.

mit Acc. c. Inf. praes. III. 66_{22}, 86_{30}; aor. III. 86_{30}, I. 136_{16}.

Herodian: mit Acc. c. Inf. praes. 202_{19}.

Zosimus: mit Inf. praes. und aor. 217_{15}.

mit Acc. c. Inf. aor. 194_{14}.

(mit indirektem Fragefatz 157_{21}).

Es bezeichnet:

I. Den Zweck,

alfo final nach:

ἀγών Plut. III. 141_{32}; Dion. I. 129_{23}.

ἅμιλλα Plut. II. 550_{18}.

ἀσφάλειαν πορίζειν Jos. I. 102_{27}.

δέησις Dion. II. 54_{16}, IV. 131_{24}.

θυσία γένεται Jos. I. 166_{22}.

κίνδυνος Plut. II. 36_{28}; Dion. II. 192_{26}.

πρόνοιαν εἰςφέρεσθαι Jos. IV. 344_{27}.

πρόνοιαν ποιεῖσθαι Pol. 282_{10}, 429_{10}; Jos. IV. 316_{5}.

σπουδὴν εἰςφέρεσθαι Jos. IV. 276_{27}.

σπουδὴν ποιεῖσθαι Pol. 290_{24}, $_{25}$, 452_{11}, 523_{16}.

φιλοτιμία Diod. III. 265_{24}; Plut. II. 550_{18}.

διὰ φροντίδος ἔχειν Herod. 202_{19}.

ψῆφον ἀναδιδόναι Dion. II. 117_{6}.

ἀγωνίζεσθαι Diod. III. 609_{12}; Jos. V. 182_{11}.

ἁμιλλᾶσθαι Pol. 511_{17}.

ἀμύνεσθαι Plut. IV. 207_{2}, II. 499_{14}.

ἀνάγειν τὰ ὄμματα Plut. I. 377_{11}.

ἀναρρωννύναι Plut. I. 184$_{3}$.
ἀναχωρεῖν Jos. II. 210$_{7}$.
ἀνέχεσθαι Dion. II. 179$_{32}$.
ἀπαιτεῖν μισθόν Zos. 194$_{4}$.
ἀπαλείφεσθαι D. C. 66$_{22}$.
ἀποθνήσκειν Diod. II. 486$_{31}$; Plut. I. 100$_{20}$, IV. 205$_{12}$, D. C. III. 84$_{19}$.
ἀποσκηνεῖν Plut. IV. 301$_{11}$.
βάλλεσθαι ἀγκύρας Jos. IV. 313$_{25}$.
διαφιλοτιμεῖσθαι Plut. II. 179$_{20}$.
διδόναι Jos. II. 154$_{15}$, III. 215$_{7}$.
δορυφορεῖν Xen. scr. min. 120$_{24}$.
ἐγγράφειν Jos. I. 14$_{24}$.
ἐγχειρίζειν Plut. IV. 409$_{26}$.
ἐκπορίζειν Jos. I. 102$_{27}$.
ἐπιδεικνύναι Jos. III. 302$_{26}$.
ἐπιδιδόναι Plut. V. 228$_{5}$.
ἐφίστασθαι Jos. IV. 327$_{9}$, 329$_{26}$, 349$_{5}$.
ἡττᾶσθαι Jos. V. 305$_{6}$.
θανατεῖν Plut. II. 82$_{29}$.
θέσθαι ἐν ὀλίγῳ Jos. IV. 128$_{13}$.
καταλύω Plut. III. 391$_{32}$.
κατασκευάζω Plut. I. 149$_{13}$.
καταφρονεῖν Jos. VI. 73$_{30}$.
καταψεύδεσθαι Jos. IV. 339$_{31}$
κινδυνεύω Diod. V. 111$_{25}$; D. C. III. 84$_{9}$.
μηχανᾶσθαι Arr. An. 296$_{21}$.
ξυρόω Plut. IV. 215$_{8}$.
οἰκεῖν Plut. IV. 254$_{29}$.
παρακαλεῖν Pol. 1155$_{22}$.
παρακινδυνεύειν Jos. VI. 123$_{24}$.
πάσχειν Jos. VI. 203$_{5}$.
περιελίσσω Plut. III. 47$_{31}$.
ποιεῖν Jos. I. 38$_{26}$, IV. 346$_{6}$; Plut. II. 15$_{1}$, 388$_{24}$.
πράττειν Jos. I. 82$_{10}$, IV. 182$_{16}$.
προαποκτείνω Jos. VI. 250$_{17}$.
προδιαλαμβάνειν Pol. 1157$_{16}$.
προέσθαι τὰ οἰκεῖα Zos. 217$_{15}$.
προσαποθνήσκειν D. C. III. 86$_{1}$.
προσράπτειν Jos. I. 153$_{24}$.
προσφέρεσθαι οἶνον Jos. IV. 322$_{19}$.
σκευάζειν D. C. I. 311$_{28}$.
σπουδάζω Pol. 945$_{11}$.
στέλλειν Jos. IV. 172$_{28}$.
στρέφειν μηχανήν Plutarch II. 502$_{18}$.
συμφέρειν Diod. III. 428$_{22}$; D. C. III. 61$_{16}$.
συμφιλοτιμεῖσθαι Diod. IV. 48$_{12}$.
συνέχειν Plut. II. 258$_{8}$.
συνιέναι Jos. IV. 288$_{16}$.
ταλαιπωρεῖν Jos. I. 212$_{9}$.
τελευτᾶν Jos. IV. 79$_{5}$.
τιμᾶν Jos. I. 119$_{30}$.
τλῆναι Jos. IV. 173$_{5}$.
ὑπομένειν Diod. III. 405$_{10}$, 428$_{22}$, V. 103$_{11}$; Jos. VI. 81$_{1}$; Plut. II. 36$_{28}$; D. C. II. 159$_{10}$, III. 51$_{20}$.
ὑφιστάναι Jos. VI. 180$_{13}$.
φιλοτιμεῖσθαι D. C. III. 86$_{30}$.
φονεύειν D. C. III. 85$_{32}$.

φροντίζειν Jos. IV. 325_{18}.
φρουρᾶν Jos. IV. 306_{8}.
χαρίζεσθαι Jos. II. 130_{14}.
χρῄζειν Jos. IV. 344_{9}.
χρηματίζειν Plut. II. 526_{8}.
χρῆσθαι Jos. III. 263_{17}.

II. Den Gegenſtand oder Zuſtand,

über den man ſich äußert, d. h.

= lat. de, περὶ τοῦ c. Inf.

ἀδιάφορος Pol. 1139_{1}.
ἄσμενος Jos. IV. 314_{21}.
παντοῖος Plut. II. 363_{4}.

ἀπόδειξις Diod. I. 332_{18}.
γράμματα Pol. 1131_{12}, Jos. III. 226_{9}.
διαβολή Dion. III. 126_{16}.
διαβούλιον ἀναδιδόναι Pol. 1129_{2}.
ἐλπίς Pol. 518_{29}, Jos. VI. 143_{3}.
ζήτησις Dion. IV. 236_{8}.
θροῦς Pol. 437_{17}.
λογισμός Plut. II. 130_{7}.
λόγος Pol. 1114_{17}, Jos. V. 180_{31}.
λόγους διαθέσθαι Pol. 1101_{7}, 1249_{7}.
λόγους διελθεῖν Diod. III. 301_{21}.
λόγους ποιεῖσθαι Pol. 691_{11}.
μαρτύρας ἄγειν Jos. IV. 327_{21}.
οἰμωγή Dion. II. 54_{16}.
ὅρκους καταλαβεῖν Dion. II. 253_{24}, III. 105_{1}.
ὅρκους λαβεῖν Jos. II. 309_{24}, III. 119_{18}.
ὅρκους ποιεῖσθαι Pol. 1139_{30}.
πιστὰ διδόναι Dion. IV. 174_{19}.
πίστιν διδόναι Dion. II. 149_{4}, IV. 207_{25}.
πίστιν λαβεῖν Jos. I. 195_{26}.
πίστιν προτείνειν Jos. IV. 270_{12}.
πιστὸν παρέχεσθαι Dion. II. 151_{14}.
πρεσβεία Pol. 1200_{26}.
τεκμήριον Dion. I. 184_{31}.
φθόνος Diod. II. 178_{8}.
φόβος Jos. V. 297_{3}.

αἰτιᾶσθαι Jos. V. 173_{5}.
βουλεύεσθαι D. C. III. $48_{12, 13}$.
διαγορεύειν Plut. I. 350_{25}.
διαλέγεσθαι Pol. 964_{9}.
διανοεῖν Pol. 437_{20}.
ἐπιθεωρεῖν Plut. IV. 293_{14}.
λέγω Jos. IV. 293_{6}, 333_{5}, I. 59_{24}; Arr. An. 300_{16}, D. C. III. 84_{9}.
μνημονεύειν Pol. 1184_{22}.
ξυντίθεσθαι Arr. An. 49_{13}.
πιστεύειν Plut. II. 419_{30}.
συλλαλεῖν Pol. 52_{10}.

ὑπὸ τοῦ c. Inf.

XENOPHON: mit Inf. praes. An. 66_{24}, Kyrop. 62_{24}, 118_{17}; aor. Kyrop. 62_{24}, 265_{8}, scr. min. 263_{9}.

mit Acc. c. Inf. praes. Kyrop. 56_{21}, 244_{6}.

JOSEPHUS: mit Inf. praes. I. 128_{4}, 256_{15}, 273_{30}, II. 59_{24}, 113_{30}, III. 167_{16}, 179_{24}, IV. 38_{10}, 93_{30}, 107_{26}, 117_{28}, $183_{8, 10}$, 193_{12}, 195_{14}, 210_{7}, 221_{27}, VI. 36_{9}.

mit Acc. c. Inf. praes. II. 280_{6}; aor. I. 68_{9}, 300_{23}, IV. 154_{29}.

PLUTARCH: mit Inf. praes. III. 6_{32}; aor. IV. 273_{12}.

ARRIAN: mit Inf. praes. An. 27_{24}, scr. min. 93_{14}; perf. An. 44_{9}.

DIO CASSIUS: mit Inf. praes. I. 50_{21}, 120_{30}, 121_{1}, 299_{4}, II. 74_{11}, 130_{10}, III. 175_{16}; aor. I. 59_{28}, 72_{6}, III. 175_{15}; perf. III. 320_{8}.

mit Acc. c. Inf. praes. I. 170_{27}, 356_{12}; aor. I. 327_{18}.

An folgenden Stellen steht es beim Passivum:

XENOPH. Kyrop. 56_{21}, 62_{24}, An. 66_{24}; scr. min. 265_{9}; PLUT. IV. 273_{12}; Jos. III. 167_{10}; D. C. II. 136_{10}, III. 175_{16}.

An den sonstigen Stellen = Kausalsatz.

2) Präpositionen in Verbindung mit dem Dativ des Infinitivs.

ἐν τῷ c. Inf.

HERODOT: mit Inf. aor. II. 145_{8}.

THUKYDIDES: mit Inf. praes. I. 98_{5}, 117_{17}, 118_{6}, 247_{19}, II. 126_{13}; aor. II. 93_{3} nur in Reden.

XENOPHON: mit Inf. praes. An. 87_{29}, 159_{25}, Hell. 20_{23}, Kyrop. 19_{6}, 46_{29}, 48_{20}, $59_{19, 24}$, 68_{7}, 106_{7}; scr. min. 56_{28}, 118_{16} (bis), 189_{2}, 221_{11} comm. 102_{19}; aor. scr. min. 118_{16}; perf. script. min. 111_{7}.

POLYBIUS: mit Inf. praes. 28_{23}, 62_{16}, 74_{3}, 141_{4}, 284_{15}, 583_{25}, 593_{20}, 607_{4}, 636_{8}, 725_{6}, 734_{7}, 912_{23}, 1124_{16}, 1243_{16}; aor. 273_{18}, $1038_{15, 16}$.

mit Acc. c. Inf. praes. 333_{4}; aor. 390_{28}, 474_{15}.

DIODOR: mit Inf. praes. I. 4_{12}, 29_{1}, 75_{28}, 95_{23}, 5_{29}, 110_{22}, 139_{15}, 152_{21}, 269_{9}, 313_{25}, 434_{19}, 321_{8}, 385_{5}, II. 85_{7}, 86_{13}, 130_{15}, 132_{8}, 164_{3}, 454_{4}, III. 129_{10}, 609_{32}, $191_{17,\ 20}$, 252_{31}, 365_{13}, IV. 392_{5}, 173_{24}, 155_{18}, 246_{18}, 304_{6}, 324_{7}, 375_{11}, V. 27_{31}, 144_{19}, 56_{31}, 116_{13}; aor. IV. 373_{4}, V. 56_{41}.

mit Acc. c. Inf. praes. II. 455_{4}.

DIONYS: mit Inf. praes. I. 228_{18}, II. 107_{4}, 106_{26}, 141_{32}, 167_{31}, 226_{8}, 305_{26}, III. 45_{15}, 197_{16}, IV. 184_{26}; aor. III. 133_{26}, 134_{10}.

JOSEPHUS: mit Inf. praes. I. 3_{18}, $208_{3,\ 4}$, 215_{20}, II. 178_{12}, III. 105_{3}, $304_{30,\ 31}$, 310_{23}, IV. 9_{26}, 24_{23}, 28_{7}, 58_{25}, 89_{18}, 127_{27}, V. 5_{29}, 152_{31}, 170_{29}, 296_{9}, VI. 45_{5}, 159_{30}, 164_{29}, 227_{8}, 263_{6}; aor. I. 41_{30}, 134_{12}, II. 28_{2}, 141_{11}, 313_{25}, III. 63_{28}, IV. 126_{12}.

mit Acc. c. Inf. aor. II. 315_{20}; perf. IV. 6_{10}, 12_{17}.

PLUTARCH: mit Inf. praes. I. 90_{9}, 98_{18}, 100_{12}, 101_{11}, $103_{28,\ 29}$, 151_{21}, 157_{3}, 186_{4}, 209_{18}, 216_{24}, 302_{18}, 304_{22}, 312_{30}, 377_{10}, 400_{7}, II. 15_{5}, 41_{13}, 72_{24}, 77_{8}, 85_{24}, 102_{29}, 123_{13}, 159_{21}, 199_{2}, $204_{30,\ 31}$, $258_{5,\ 17}$, 263_{31}, 280_{23}, 311_{20}, 404_{16}, 433_{14}, 438_{8}, III. 10_{26}, 22_{10}, 35_{16}, 70_{13}, 107_{32}, 151_{6}, 193_{10}, 229_{15}, 256_{32}, 259_{18}, 262_{13}, 294_{14}, 305_{8}, 340_{6}, 354_{8}, 366_{13}, 375_{28}, 423_{28}, IV. 47_{27}, 67_{24}, 92_{21}, 100_{28}, 116_{17}, 151_{13}, 158_{14}, 167_{2}, 189_{25}, 235_{23}, 254_{4}, 261_{9}, 290_{20}, 344_{10}, 467_{4}, 396_{26}, V. 61_{6}, $108_{10,\ 11}$, 161_{27}, 164_{25}, 190_{28}, 191_{14}; aor. II. 295_{5}, IV. 67_{6}, 203_{28}; perf. II. 11_{5}.

ARRIAN: mit Inf. praes. An. 242_{6}; scr. min. 59_{32}, 88_{24}; aor. scr. min. 59_{32}.

mit Acc. c. Inf. perf. An. 111_{32}.

APPIAN: mit Inf. praes. 213_{7}, 1038_{23}, $1044_{12,\ 13}$.

DIO CASSIUS: mit Inf. praes. I. 58_{7}, II. 141_{11}, III. 372_{18}, IV. 175_{23}, 354_{6}; aor. III. 71_{28}, 74_{14}, 85_{16}, $200_{21,\ 22}$.

HERODIAN: mit Inf. praes. 117$_{19}$.
ZOSIMUS: mit Inf. praes. 13$_{4}$, 38$_{19}$, 93$_{1}$, 104$_{30}$, 123$_{22}$; aor. 143$_{21}$.
mit Acc. c. Inf. perf. 260$_{32}$.

Es wird gebraucht:

1) Temporal: ἐν τῷ.

ἀπαλλάττεσθαι DIOD. V. 56$_{31}$.
ἄρχειν PLUT. I. 216$_{24}$.
ἀσπάζω PLUT. IV. 47$_{27}$.
βαδίζειν PLUT. I. 151$_{21}$, II. 204$_{30}$, III. 354$_{7}$, V. 67$_{24}$.
βουλεύεσθαι D. C. II. 141$_{11}$.
γράφειν PLUT. IV. 235$_{23}$.
γίνεσθαι ZOS. 260$_{32}$.
δημηγορεύειν PLUT. III. 40$_{26}$.
διαδρᾶναι ZOS. 143$_{2}$.
διαμάχεσθαι PLUT. III. 35$_{16}$, $_{17}$.
διανοεῖσθαι PLUT. IV. 235$_{23}$.
διαφέρεσθαι PLUT. II. 72$_{24}$, 438$_{9}$.
δικάζειν PLUT. I. 216$_{24}$; D. C. IV. 354$_{6}$.
ἐγγίζειν POL. 28$_{23}$.
ἐγρηγορέναι XEN. scr. min. 111$_{7}$.
ἐπιτηδεύεσθαι JOS. IV. 127$_{27}$.
εὐτυχεῖν THUK. I. 247$_{19}$.
ζῆν THUK. I. 118$_{6}$; POL. 593$_{20}$, 636$_{8}$, 912$_{23}$, 607$_{4}$, 1124$_{16}$, 734$_{7}$; DIOD. I. 4$_{12}$, 29$_{1}$, 75$_{28}$, 95$_{23}$, II. 132$_{8}$, III. 129$_{10}$, 609$_{32}$, IV. 392$_{5}$, V. 152$_{31}$, IV. 159$_{30}$, III. 310$_{23}$.
θεᾶσθαι PLUT. 294$_{14}$.
θεῖν D. C. IV. 175$_{23}$.
θυμομαχεῖν DIOD. II. 130$_{15}$.
καρποφορεῖν DIOD. I. 313$_{25}$.
κατηγορεῖν PLUT. III. 423$_{19}$.
κρατεῖν DIOD. IV. 375$_{11}$; PLUT. IV. 92$_{21}$, V. 164$_{25}$.
κρίνειν DIOD. I. 110$_{22}$.
κύειν PLUT. I. 100$_{12}$.
λέγειν PLUT. I. 216$_{24}$, 302$_{27}$, II. 263$_{31}$, IV. 167$_{2}$.
λούεσθαι PLUT. IV. 100$_{28}$.
μάχεσθαι PLUT. I. 101$_{9}$, 103$_{28}$, $_{29}$, II. 204$_{30}$.
νεῖν DION. II. 141$_{32}$.
ὁρᾶν THUK. I. 98$_{5}$.
ὁρμίζεσθαι ARRIAN scr. min. 88$_{24}$.
παίζειν PLUT. IV. 367$_{4}$.
παλαίειν PLUT. I. 377$_{10}$.
παραπίπτειν POL. 725$_{6}$.
πάσχειν THUK. II. 126$_{13}$.
περᾶν PLUT. I. 209$_{19}$.
περιιέναι PLUT. III. 294$_{14}$.
πλεῖν ZOS. 13$_{4}$.
πορεύεσθαι PLUT. IV. 151$_{13}$.
προάγειν PLUT. III. 354$_{7}$.

— 68 —

προδραμεῖν POL. 1243 16.
προπέμπειν PLUT. II. 102 24.
προςάγειν DIOD. IV. 246 18.
πταίειν PLUT. IV. 203 28.
σαλεύεσθαι PLUT. II. 438 8.
στρατεύεσθαι PLUT. II. 258 17.
στρατηγεῖν PLUT. I. 41 13, 433 27.
συμπεριπατεῖν PLUT. II. 280 30.
συμφέρεσθαι PLUT. III. 262 17.
συνάψαι POL. 474 15.
συνεῖναι PLUT. III. 340 6.

συντρέφεσθαι XEN. Kyrop. 46 29.
σφαιρίζειν PLUT. IV. 254 4.
σχολάζειν PLUT. I. 157 3, II. 15 6,
    85 24.
τίκτειν DIOD. II. 86 13.
ὑπολείπεσθαι PLUT. III. 35 16, 17.
φεύγειν POL. ·333 4; ZOS. 38 19,
    104 30.
φιλοφρονεῖσθαι PLUT. IV. 47 27.
φρονεῖν PLUT. IV. 158 16.

2) Lokal auf die Frage: Wo?

nach den Verben:
ἐγγίνεσθαι XEN. Kyrop. 59 24.
εἶναι XEN. comm. 102 19, An.
    159 25; THUK. II. 93 3; POL.
    1038 15, 16; APP. 1038 23.
ἐνεῖναι HEROD. II. 145 8; THUK.
    I. 117 17, XEN. scr. min.
    56 28, 221 11; Jos. III. 200 31;
    DION. III. 133 29; D. C. III.
    200 21, 22.

ἔχειν DION. II. 167 31; D. C. III.
    74 14.
καλινδεῖσθαι XEN. Kyrop. 19 6.
κεῖσθαι DIOD. I. 5 29, IV. 173 24;
    Jos. I. 134 19; DION. II. 305 26.
μένειν XEN. An. 87 29.
οἱ ἐν τῷ γράφειν Jos. I. 3 17.
τίθεσθαι Jos. I. 41 10, 215 20.

3) Begrifflich

a) Auf die Frage: Worin?
ἀνάγκη Jos. VI. 164 29.
ἀναίδεια Jos. VI. 227 2.
ἀναλογισμός PLUT. IV. 340 10.
ἀνδρία Jos. I. 208 3, 4, III. 105 3,
    304 30, 31.
ἀρετή POL. 672 17, DIOD. III.
    191 17, V. 144 19.
δεινότης PLUT. II. 199 2, III.
    366 12.

δόξα DIOD. V. 144 19.
δύναμις DIOD. II. 164 3; Jos. V.
    5 29; PLUT. IV. 290 20.
ἐλπίς POL. 741 3, 41 4, 284 15;
    DIOD. II. 455 4, IV. 155 18;
    APP. 213 7, 1044 12, 13.
ἐνέργεια DIOD. I. 139 15, III.
    365 13.
εὐχέρεια PLUT. I. 312 30.

εὐχρηστία Diod. I. 434_{19}.
ἡδονή Xen. scr. min. $118_{15, 16}$; Dion. II. 107_{4}; Jos. VI. 89_{8}.
ἰσχύς Dion. I. 228_{15}.
κράτος Plut. IV. 116_{17}.
πειθαρχία Jos. II. 28_{2}.
πέτρα Plut. V. 61_{6}.
πιθανότης Plut. IV. 369_{16}.
σύνεσις Diod. II. 85_{7}, III. 252_{31}.
σωφροσύνη Arr. An. 242_{6}.
ταχύτης Plut. I. 312_{50}.
ὑπεροχή Diod. I. 321_{8}.
φιλανθρωπία Diod. I. 269_{9}.
φιλοτιμία Pol. 672_{17}.
φρόνησις Dion. I. 228_{15}.
χρεία Diod. I. 152_{31}.

ἀγαθός Jos. IV. 6_{10}.
ἀηδής Plut. III. 259_{18}.
αἵμυλος Plut. I. 186_{4}.
ἀλλότριος Jos. IV. 28_{5}.
ἄνισος Plut. III. 70_{13}.
ἀνόητος Plut. IV. 67_{6}.
ἀπαραίτητος Plut. IV. 108_{11}.
ἀσφαλής Jos. IV. 58_{25}.
ἄφθονος Plut. IV. 261_{9}.
δεινός Xen. Kyrop. 68_{7}; Diod. III. 191_{20}; D. C. I. 58_{7}.
διάφορος Arr. scr. min. 59_{32}.
δόλιος Jos. V. 170_{29}.
ἐλαφρός Plut. II. 258_{5}.
εὐγνώμων Plut. III. 256_{32}.
εὔτροχος Plut. I. 304_{22}.
εὐφυής Plut. II. 77_{8}.
εὔχαρις Plut. V. 108_{10}.
ἥμερος Jos. VI. 45_{5}.
θυμοειδής Plut. I. 98_{18}.
ἴδιος Arr. scr. min. 59_{32}.
καθαρός Jos. II. 178_{12}.
κράτιστος Plut. II. 122_{15}.
κύριος Pol. 583_{25}.
μανικός Plut. IV. 67_{6}.
μεγαλόφρων Plut. IV. 189_{25}.
πειστικός Diod. IV. 304_{6}.
πολιτικός Diod. V. 116_{13}.
πολύς Dion. III. 44_{15}, IV. 184_{26}.
πρακτικός Pol. 62_{15}.
προσφιλής Plut. I. 186_{4}.
ῥωμάλεος Plut. IV. 189_{25}.
στρατηγικός Diod. V. 116_{13}.
συνετός Diod. V. 116_{13}.
σφοδρός Plut. V. 161_{27}.

ἁμαρτάνω Diod. I. 385_{5}.
βραδύνω D. C. III. 71_{28}.
ἰσχύω D. C. III. 372_{18}.
δρᾶσθαι Plut. II. 159_{21}.
πρωτεύω Diod. IV. 324_{7}.

b) Auf die Frage: Wodurch?

ἀλλοιοῦσθαι Xen. Kyrop. 106_{27}.
ἀπαργεῖν Pol. 390_{28}.
ἀποδιδόναι χάριν D. C. III. 85_{16}.
ἀπολλύναι χάριν Plut. III. 22_{10}.

ἀσεβεῖν Jos. V. 296_{9}.
γίνεσθαι Dion. III. 134_{10}.
δαπανᾶσθαι Jos. II. 141_{11}; Zos. 93_{1}.
διαλλάττω Zos. 123_{22}.
διατεθῆναι Plut. I. 90_{3}.
διατριβὴν ποιεῖσθαι Plut. III. 229_{15}.
διατρίβω Plut. III. 193_{19}, V. 191_{14}.
διαφυγεῖν Jos. IV. 12_{17}.
διημερεύειν Plut. III. 305_{8}.
ἐναλλάττειν Plut. II. 404_{11}.
ἐπιβαρεῖσθαι Dion. III. 179_{16}.
εὐδαιμονεῖν D. C. II. 407_{2}.
ἐφυβρίζω Plut. III. 423_{28}.
κάμνειν Herodot 117_{19}.
κατατρίβεσθαι Plut. III. 375_{28}.
κελεύειν Jos. III. 63_{23}.
λυπεῖν Jos. IV. 9_{26}.
μιμεῖσθαι Jos. VI. 263_{6}.
παραπίπτειν Xen. Kyrop. 46_{29}.
παρέχειν Pol. 273_{18}; Jos. IV. 24_{23}; Plut. II. 11_{5}.
πάσχειν Plut. II. 311_{20}.
περιφέρεσθαι Plut. V. 190_{18}.
πλεονεκτεῖν Diod. II. 454_{4}.
προΐεσθαι Plut. III. 107_{32}.
πταίειν Diod. IV. 373_{4}.
συγκινδυνεύειν Arr. An. 111_{32}.
συνδεῖν Xen. Kyrop. 48_{29}.
σώζειν Jos. VI. 126_{12}.
ὠφελεῖσθαι Xen. scr. min. 189_{2}, Kyrop. 59_{19}.

σὺν τῷ c. Inf.

Diodor: mit Inf. praes. III. 515_{14}.
Plutarch: mit Inf. praes. IV. 76_{32}.

3) Präpositionen in Verbindung mit dem Akkusativ des Infinitivs.

εἰς τό c. Inf.

Herodot: mit Inf. praes. II. 138_{26}; aor. I. 123_{4}.

Thukydides: mit Inf. praes. I. 11_{15} (D.), 15_{4} (D.), 34_{2} (D.), 42_{14} (R.), 52_{30} (D.), 191_{8} (R.), 214_{19} (D.), 304_{31} (D.), II. 75_{14} (R.), 185_{9} (R.), $187_{10, 17}$ (R.), $189_{3, 24}$ (D.), 230_{4} (D.), 258_{30} (D.); aor. 120_{14} (D.), II. 56_{24} (D.), II. 235_{20} (D.). mit Acc. c. Inf. praes. I. 82_{17} (D.).

Xenophon: mit Inf. praes. An. 32_{24}, 83_{23} (bis), 181_{13}, $244_{25, 26}$, Hell. 52_{20}, 67_{32}, 120_{29}, 142_{29}, 162_{23}, 225_{5}, Kyrop. 3_{26}, 6_{13}, $10_{19, 20}$, 19_{5}, 26_{12}, 42_{27}, 44_{6}, 59_{28}, 60_{4}, 71_{22}, $209_{17, 18}$,

210_{30}, 223_{15}, $279_{1, 2, 29}$, 280_{27}, 286_{18}, 289_{13}, 332_{21}, comm. 33_{28}, 53_{13}, scr. min. 8_{17}, 11_{15}, 17_{16}, 18_{13}, 19_{10}, 67_{5}, $94_{5, 14}$, $172_{6, 26}$, $225_{19, 20}$, 232_{8}, 238_{23}, 255_{7}, $263_{4, 6}$, 264_{22}; aor. Hell. 97_{4}, 234_{8}, $269_{23, 24}$; Kyrop. 60_{4}; comm. 60_{22}, 83_{11}; scr. min. 76_{14}, 161_{17}.

mit Acc. c. Inf. praes. Kyrop. 84_{5}, comm. 74_{3}, scr. min. 21_{26}, 178_{17}, $220_{10, 13}$; aor. Kyrop. 98_{5}, 286_{14}, scr. min. 173_{20}.

Polybius: mit Inf. praes. 50_{7}, 87_{12}, 156_{2}, 158_{4}, 170_{29}, 316_{10}, 386_{12}, 471_{1}, 490_{1}, 558_{7}, 593_{4}, 639_{13}, 650_{5}, 681_{24}, 694_{14}, 746_{28}, 854_{8}, 1052_{18}, 1059_{29}, 1172_{2}, 1184_{4}, 1268_{9}, 1278_{15}, 1332_{26}, 1374_{20}; aor. 118_{10}, 200_{27}, 238_{18}, $375_{3, 19}$, 386_{13}, 387_{18}, 414_{12}, 455_{7}, 457_{11}, 468_{19}, 684_{8}, 753_{9}, 759_{16}, 795_{12}, 798_{13}, 840_{1}, 841_{11}, 970_{13}, 975_{28}, 985_{22}, 1010_{4}, 1107_{2}, 1159_{7}, 1322_{19}.

mit Acc. c. Inf. praes. 675_{23}; aor. 77_{13}, 180_{25}; perf. 675_{23}.

Diodor: mit Inf. praes. I. 47_{30}, II. 484_{13}, III. 160_{8}, 279_{7}, 393_{12}, 506_{29}, 610_{24}, IV. 404_{22}, 366_{24}, 245_{20}, 254_{30}, V. 144_{8}; aor. I. 152_{20}, II. 464_{15}, 125_{13}, 165_{9}, 175_{13}, 430_{13}, 482_{5}, III. 10_{27}, 20_{7}, 391_{6}, IV. $400_{1, 6}$, 12_{30}, 39_{28}, V. 47_{24}, 112_{17}.

Dionys: mit Inf. praes. I. 165_{16}, II. 208_{20}, 218_{27}, 301_{7} (bis), III. 186_{11}, 192_{10}, 236_{18}, IV. 75_{10}, 78_{16}; aor. I. 152_{29}, II. 193_{20}, 301_{3}.

mit Acc. c. Inf. praes. IV. 50_{15}.

Josephus: mit Inf. praes. I. 41_{26}, 263_{16}, II. 53_{9}, 172_{16}, 227_{24}, III. 290_{4}, 302_{30}, 306_{15}, 316_{23}, IV. 63_{22}, $69_{21, 27}$ (bis), 97_{19}, 119_{12}, 125_{15}, 134_{22}, 135_{21}, 163_{3}, 183_{3}, V. 180_{9}, 254_{12}, 358_{6}, VI. 165_{13}, 136_{12}; aor. I. 72_{30}, II. 14_{14}, 109_{21}, III. 160_{19}, 161_{27}, 179_{6}, 316_{6}, IV. 76_{2}, V. 23_{28}, VI. 165_{14}.

mit Acc. c. Inf. praes. I. 182_{23}, 249_{10}, II. 171_{20}; aor. III. 88_{1}; perf. I. 102_{30}.

PLUTARCH: mit Inf. praes. I. 358_{4}, 377_{25}, 431_{26}, II. 191_{8}, 241_{20}, III. 2_{31}, 84_{31}, 324_{30}, 327_{1}, IV. 38_{26}, 53_{2}, 223_{14}, 242_{19}, 393_{5}, V. 73_{10}, 118_{26}; aor. I. 272_{32}, II. $38_{25,\,26}$, 254_{14}, 439_{18}, IV. 198_{21}.

ARRIAN: mit Inf. praes. An. 3_{2}, 40_{32}, $52_{2,\,32}$, 73_{19}, 120_{5}, 186_{6}, 211_{2}, 215_{6}, 266_{23}, 298_{25}, 299_{22}, 312_{10}, scr. min. 31_{19}, 59_{24}, 66_{17}, 73_{32}; aor. 42_{24}, 86_{5}, 169_{5}, 195_{12}, 219_{18}, 254_{14}, 266_{16}, 294_{6}, scr. min. 65_{2}, 74_{12}, 77_{9}.

mit Acc. c. Inf. praes. scr. min. 7_{16}, 131_{25}.

APPIAN: mit Inf. praes. 533_{5}, 1005_{5}, 1130_{1}; aor. 244_{15}, 246_{5}.

DIO CASSIUS: mit Inf. praes. III. 145_{7}; aor. I. 20_{5}, 118_{32}, 224_{28}, 370_{1}, II. 48_{3}, $155_{10,\,11}$, 209_{1}, 226_{17}, 254_{18}, $413_{22,\,23}$, III. 320_{9}, 352_{26}, IV. 134_{4}, 196_{18}.

mit Acc. c. Inf. aor. III. 201_{24}.

HERODIAN: mit Inf. praes. 51_{19}, 53_{14}, 66_{15}, 94_{26}, 145_{18}, 147_{29}, 150_{14}, 152_{29}, 158_{28}, 168_{9}; aor. 16_{23}, 41_{12}, 63_{21}, 173_{24}, 176_{18}, 204_{18}.

mit Acc. c. Inf. aor. 48_{20}.

ZOSIMUS: mit Inf. praes. 2_{1}, 14_{21}, 17_{19}, 27_{6}, 28_{24}, 43_{18}, 91_{9}, 95_{2}, 104_{21}, 140_{10}, 256_{19}, 268_{2}, 291_{7}; aor. 8_{8}, 27_{19}, 104_{5}, 105_{14}, $118_{1,\,2}$, 142_{7}, 156_{10}, 196_{8}, 212_{15}, 233_{18}, 270_{15}; perf. 143_{11}.

Es antwortet:

I. Auf die Frage: Wohin?

nach den Verben:

ἀνακεῖσθαι JOS. IV. 135_{21}.
ἀναφέρειν DION. I. 152_{27}.
ἀπάγω XEN. Kyrop. 223_{15}.
ἀποδιδράσκω XEN. Kyrop. 19_{4}.
ἀφικέσθαι XEN. scr. min. 263_{4}, 255_{7}; PLUT. V. 118_{26}.
ἐκβαίνω XEN. scr. min. 172_{6}.

ἐλθεῖν PLUT. V. 73_{10}.
ἐμβάλλειν PLUT. I. 358_{4}.
ἐμπίπτειν PLUT. IV. 53_{2}.
ἐξανιστάναι ZOS. 104_{21}.
ἐξικνεῖσθαι JOS. IV. 63_{22}.
ἐπείγεσθαι JOS. III. 316_{23}; HEROD. 53_{14}.

ἐξάγειν Jos. V. 23$_{28}$.
ἥκειν Plut. I. 372$_{25}$, IV. 36$_{28}$.
ἱκέσθαι Herod. I. 123$_{4}$.
καθιστάναι Xen. Hell. 53$_{28}$, scr. min. 173$_{30}$; Plut. II. 191$_{8}$, III. 84$_{31}$; Zos. 104$_{5}$. med. Xen. Kyrop. 279$_{21}$.
μεθίστασθαι Xen. Hell. 142$_{29}$.
παραγίνεσθαι Plut. III. 324$_{30}$.
παρίστασθαι Pol. 170$_{29}$.
περιστάναι Diod. V. 144$_{3}$; Zos. 143$_{11}$.
προάγεσθαι Plut. III. 2$_{31}$; Jos. I. 265$_{16}$; Zos. 27$_{19}$.
προελθεῖν Plut. II. 241$_{30}$, III. 327$_{1}$.
ῥέπειν Plut. IV. 223$_{14}$.
σαλεύεσθαι Zos. 27$_{6}$.
συγκαταβαίνειν Diod. III. 393$_{12}$.
συνιέναι App. 1005$_{5}$.
τρέπεσθαι Arr. An. 73$_{19}$, 312$_{10}$; Zos. 17$_{19}$, 28$_{24}$, 270$_{15}$, 291$_{7}$.
ὑποφέρεσθαι Plut. I. 431$_{26}$.
φέρειν Dion. IV. 75$_{10}$.

II. Auf die Frage: Wozu?

1) Nach Substantiven:

ἄνεσις Arr. An. 51$_{29}$.
ἀναστροφή Pol. 387$_{18}$, 77$_{13}$; Diod. II. 484$_{13}$.
ἀφορμή Pol. 249$_{1}$, 841$_{10}$, 955$_{22}$, 1184$_{4}$; Diod. IV. 12$_{30}$; Dion. III. 236$_{18}$; Jos. II. 227$_{24}$.
δύναμις Thuk. I. 120$_{14}$; Pol. 558$_{4}$.
ἐξουσία Pol. 50$_{1}$.
ἐπιτροπή Pol. 200$_{8}$.
καιρός Xen. An. 181$_{13}$; Pol. 746$_{28}$, 795$_{12}$, 798$_{13}$; App. 246$_{5}$; D. C. II. 226$_{17}$; Her. 145$_{13}$.
μηχανή Xen. Kyrop. 209$_{17}$.
μηχάνημα Xen. scr. min. 178$_{17}$; Jos. II. 109$_{2}$; Arr. An. 258$_{14}$.
ὁρμή Pol. 457$_{11}$, 158$_{4}$, 1322$_{16}$.
παρόρμημα Jos. IV. 119$_{12}$.
παρόρμησις Xen. scr. min. 221$_{15}$.
περιουσία Arr. An. 94$_{26}$.
προθυμία Thuk. II. 198$_{26}$; Diod. IV. 245$_{20}$; Herod. 41$_{12}$, 150$_{14}$.
πρόφασις Pol. 156$_{2}$; D. C. I. 370$_{1}$, II. 254$_{28}$.
ῥοπή Pol. 593$_{3}$.
σπουδή Pol. 471$_{2}$, 490$_{1}$, 1010$_{4}$.
σχολή Diod. III. 10$_{27}$.
ὑπερβολή Thuk. I. 213$_{17}$.
φιλονεικία Pol. 375$_{10}$.
χρεία Diod. IV. 400$_{5}$.
ὠφελία Thuk. II. 189$_{8}$.

2) Nach Adjektiven:

ἀγαθός Xen. Kyrop. 60$_{4}$, 279$_{13}$; Arr. scr. min. 65$_{2}$, 74$_{12}$.
ἀναγκαῖος Diod. I. 47$_{30}$.
ἀνόσιμος Xen. Kyrop. 42$_{27}$.

ἀργός Thuk. II. 187_{16}; D. C. II. 413_{10}.
ἀσθενής Dion. III. 316_{4}.
αὐταρκής Jos. I. 102_{30}.
δυνατός Pol. 558_{7}.
ἐπιρρεπής Zos. 14_{21}.
ἐπιτήδειος Xen. comm. 60_{12}; Arr. An. 266_{23}; D. C. III. 134_{4}; Zos. 105_{14}.
ἐπιτηδής Diod. I. 249_{10}.
ἕτοιμος D. C. II. 413_{22}.
εὔθετος Diod. II. 482_{5}.
θαρράλεος Dion. III. 161_{27}; Arr. An. 52_{32}.
ἴδιος Diod. III. 160_{8}.
ἱκανός Xen. scr. min. 76_{14}, 161_{17}; Pol. 681_{24}, 840_{1}; Diod. III. 610_{20}; Zos. 256_{20}.
ἰσχυρός Xen. scr. min. 172_{26}.
καλός Diod. IV. 400_{1}.
κοῦφος App. 533_{15}.
μέγας Xen. Hell. 299_{23}, 24, Kyrop. 280_{17}.
νέος Thuk. II. 75_{14}.
οἰκεῖος Thuk. I. 42_{14}.
ὀχυρός Arr. An. 52_{2}, 186_{6}.
παροξυστικός Xen. Kyrop. 84_{5}.
πιθανός Dion. III. 290_{4}.
πρόθυμος Xen. Kyrop. 26_{12}; Pol. 1107_{2}; Diod. IV. 36_{6}; Herod. 158_{28}.
προπετής Xen. Hell. 225_{5}.
ῥαστός Thuk. II. 187_{17}.
σύμβολος Herod. 173_{24}.
σύμμαχος Herod. II. 138_{26}.
χρήσιμος Diod. III. 506_{29}; D. C. I. 118_{32}.
ὠφέλιμος Arr. scr. min. 131_{25},

3) Nach Verben:

a) Des Veranlaſſens:

ἀναγκάζω Thuk. I. 15_{4}.
ἀφορμὰς διδόναι Pol. 1184_{4}.
ἀφορμὰς λαβεῖν Pol. 985_{22}, 249_{1}.
ἀφορμὰς πραγματεύεσθαι Jos. II. 227_{24}.
ἐκκαλεῖσθαι Pol. 1172_{2}.
ἐμβάλλειν προθυμίαν Herod. 41_{12}.
ἐπαίρειν Arr. An. 169_{5}. pass. Thuk. I. 304_{21}; Jos. IV. 69_{27}.
καιρὸν διδόναι Pol. 746_{28}, 795_{12}.
καιρὸν λαβεῖν Pol. 87_{11}, 684_{5}, 753_{19}, 759_{15}.
καιρὸν παραδιδόναι Pol. 798_{13}.
ὁρμᾶν Xen. An. 32_{24}; Diod. IV. 36_{24}; Jos. IV. 134_{22}.
ὁρμὴν παραστῆσαι Pol. 459_{11}, 158_{4}.
ὁρμὴν παρέχεσθαι Pol. 593_{4}.
παρακαλεῖν Pol. 278_{18}.
παρορμᾶν Xen. scr. min. 18_{13}; Pol. 1159_{7}.
πείθειν Herod. 147_{29}.
προκαλεῖσθαι Pol. 694_{14}; Jos. I. 41_{26}.
πρόκλησιν διδόναι Herod. 168_{9}.

προτρέπεσθαι Diod. III. 279 7; Jos. V. 180 9; Zos. 196 5.

ὑποσχέσθαι προθυμίαν Her. 150 14.

b) Des Strebens:

ἀφορμαὶ γίνονται Pol. 841 10.

ἐπιρρωσθῆναι Pol. 50 9.

θηρᾶσθαι Jos. I. 72 30.

ὁρμὴν ἔχειν Pol. 1332 26.

ποιεῖν πάντα Pol. 970 13.

πράττειν πάντα Herod. 176 13.

προλήψεις γίνονται Pol. 841 10.

σπουδὴν εἰςφέρεσθαι Diod. V. 47 24.

σπουδὴν ποιεῖσθαι Pol. 471 2, 490 6, 1010 4.

συμπροθυμεῖσθαι Jos. IV. 125 15.

φιλοτιμεῖσθαι Jos. IV. 97 19.

c) Des Darreichens und Gewährens:

ἀθροίζω χρήματα Herod. 16 13.

δαπανᾶν χρόνον Dion. II. 208 20.

διδόναι ἀναστροφήν Pol. 387 18, 77 13.

διδόναι ἄνεσιν Herod. 15 20.

διδόναι ἀφορμάς Pol. 985 22, 249 1.

διδόναι ἑαυτόν Plut. IV. 393 5.

διδόναι καιρόν Pol. 746 28, 795 12; D. C. II. 226 17.

διδόναι περιουσίαν Herod. 91 8.

διδόναι πρόκλησιν Herod. 168 9.

διδόναι πρόφασιν D. C. I. 370 1, II. 254 18.

διδόναι χρόνον Diod. III. 391 6, IV. 39 28.

δίδοσθαι Plut. II. 38 25, 26.

ἐμβάλλεσθαί τι Xen. An. 211 2.

ἐντίκτειν ζῆλον Pol. 854 8.

ἐπιδιδόναι ἑαυτόν Plut. IV. 242 19.

ἐπιφορεῖν Arr. An. 86 5.

παραδιδόναι καιρόν Pol. 798 15.

παρέχειν Pol. 316 10; Jos. I. 182 23; Plut. I. 275 32, IV. 198 21; Arr. scr. min. 59 24; D. C. I. 370 1, II. 254 18.

παρέχεσθαι ἀσφάλειαν Dion. I. 165 16.

παρέχεσθαι πρόθυμα Dion. II. 218 27.

παρέχεσθαι προθυμίαν Dion. II. 193 20.

παρέχεσθαι ῥοπήν Pol. 593 4.

παρέχεσθαί τι Dion. II. 301 3, III. 186 11.

προδίδοσθαι χρήματα Pol. 639 19.

προςεπιδιδόναι D. C. III. 201 24.

προςφέρεσθαι φιλονεικίαν Pol. 375 19.

συνεπιδιδόναι ἑαυτόν Pol. 1278 15.

d) des Nützens und Schadens:

ἐπικουρίας τυχεῖν Pol. 455 7.

προςκόπτειν Xen. Hell. 234 6, scr. min. 232 6.

συγκαταβαίνω Pol. 1322 12.

συλλαμβάνω Xen. Kyrop. 44 6; Dion. III. 192 10; D. C. I. 20 5.

συμβάλλεσθαι Thuk. I. 191$_{8}$; Xen. Hell. 97$_{4}$, Kyrop. 6$_{18}$, 210$_{30}$.
σύμμαχος Xen. Kyrop. 98$_{5}$.
συμφέρειν Xen. scr. min. 94$_{14}$; Dion. IV. 50$_{5}$.
συνεργεῖν Pol. 375$_{3}$.
σύνεργος Xen. scr. min. 11$_{5}$; Pol. 1368$_{9}$.
συνωφελεῖν Xen. An. 83$_{23}$, scr. min. 8$_{17}$.
σώζειν Jos. I. 135$_{6}$.
ὑπηρετεῖν Xen. Hell. 120$_{29}$.
φέρειν Xen. Kyrop. 286$_{15}$.
ὠφελεῖσθαι Xen. Kyrop. 59$_{28}$.

e) des Nehmens und Erreichens:

κληροῦσθαι Jos. V. 245$_{12}$.
λαβεῖν ἀφορμάς Pol. 985$_{23}$, 249$_{1}$.
λαβεῖν εἰρήνην καὶ ἀνοχήν D. C. IV. 196$_{18}$.
λαβεῖν ἐπιτροπήν Pol. 200$_{6}$.
λαβεῖν καιρόν Pol. 684$_{5}$, 753$_{19}$, 759$_{15}$, 78$_{11}$.
λαβεῖν τι Zos. 95$_{12}$.
τυχεῖν Pol. 196$_{18}$; Zos. 156$_{10}$.

f) des Bedürfens und Bittens:

αἰτεῖσθαι χρόνον Diod. II. 185$_{9}$.
δεῖσθαί τινος Herod. 63$_{21}$.

g) des Gebrauchens und Genügens:

ἀναλίσκειν Jos. III. 145$_{7}$.
ἀρκεῖν Xen. Kyrop. 289$_{13}$, comm. 74$_{3}$; Zos. 118$_{1, 2}$, 233$_{18}$.
ἐπαρκεῖν Zos. 268$_{2}$.
ἔχειν ὑποχειρίους Zos. 91$_{9}$.
καταχρῆσθαι Jos. III. 88$_{1}$.
χρῆσθαι Arr. An. 3$_{2}$; Xen. Kyrop. 332$_{31}$.

h) des Anordnens:

ἀναβάλλεσθαι Zos. 8$_{3}$, 43$_{18}$, 212$_{15}$.
ἀποδεικνύναι Jos. II. 33$_{9}$, 171$_{20}$.
διακρίνεσθαι Jos. VI. 136$_{12}$:
ἑλέσθαι νομοθέτας Diod. II. 340$_{13}$.
ἐπιλέγεσθαι Herod. 66$_{15}$.
κατασκευάζεσθαι Xen. Kyrop. 286$_{18}$, Jos. II. 172$_{16}$.
μηχανᾶσθαι Arr. An. 258$_{14}$.
παιδεύεσθαι Xen. comm. 33$_{28}$.
παρασκευάζω Pol. 1374$_{6}$.
ποιεῖν τι Arr. An. 298$_{26}$.
συμπαιδεύω Xen. scr. min. 19$_{10}$.
συμπαροξύνω Xen. scr. min. 21$_{26}$.
συσκευάζω Xen. Hell. 162$_{13}$.
συστρέφειν Zos. 142$_{7}$.
τάττεσθαι Arr. An. 195$_{12}$.
ὑποτίθεσθαι μηχανάς Jos. II. 109$_{25}$.
φοβεῖν Herod. 147$_{29}$.
φυλάσσειν App. 244$_{15}$.
χρηματίζω D. C. III. 320$_{19}$.

III. In Bezug auf:

διαφορά Thuk. I. 34_{2}.
ἐλπίς Jos. III. 302_{30}, 306_{15}, V. 358_{6}; D. C. II. 48_{3}.
λόγος Pol. 575_{20}.
προαίρεσις Diod. III. 20_{7}.

ἀγχίμαχος Arr. scr. min. 31_{19}.
ἀκριβής D. C. II. $155_{10, 11}$.
ἀνήκεστος Jos. IV. 163_{6}.
ἀξιόμαχος Arr. An. 219_{18}.
ἄφοβος Arr. scr. min. 31_{19}.
ἀφύλακτος Arr. An. 40_{32}.
δαψιλής D. C. II. $155_{10, 11}$.
δεινός Diod. II. $46_{14, 15}$.
ἐμποδών Plut. II. 254_{14}.
εὐλαβής Pol. 1159_{29}.
μέγιστος Arr. An. 266_{16}.
ὀξύς Arr. An. 294_{6}.
σύμμετρος Arr. An. 215_{6}.

διαφέρω Xen. Kyrop. 3_{26}, $10_{19, 20}$, scr. min. 67_{5}, Hell. 67_{32}; Jos. VI. $165_{13, 14}$.
ἐναντιωθῆναι Thuk. I. 82_{13}.
ἐπιδιδόναι Thuk. II. 258_{32}.
καθιστάμενα Thuk. I. 214_{19}.
μετέχειν Thuk. II. 185_{2} (Wechsel mit κατά).
προέχειν Xen. scr. min. 238_{25}.
προλαμβάνειν Jos. IV. 183_{3}.
προφέρειν Thuk. I. 56_{24}.
συμφρονεῖν Pol. $386_{13, 14}$.
ὑπερβάλλω D. C. II. 209_{1}.

IV. Final:

Thuk. I. 11_{6}; Xen. An. 244_{23}, scr. min. 17_{10}, Kyrop. 209_{17}; Pol. 1159_{29}, 180_{24}, 156_{2}; Diod. I. 152_{20}, II. 175_{17}, 125_{13}, IV. 254_{30}, 259_{13}, V. 112_{17}; Jos. III. 169_{19}; Arr. An. 120_{5}, 298_{25}, 42_{18}, 211_{2}, 86_{5}, scr. min. 66_{16}, 77_{9}, 7_{16}; App. 244_{15}, 1130_{1}; D. C. I. 224_{28}, III. 352_{26}; Herod. 48_{2}, 204_{18}; Zos. 140_{10}.

κατά τό c. Inf.

Thukydides: mit Inf. praes. I. 137_{29} (D.), 158_{12} (D.), II. 185_{9} (R.); perf. I. 151_{18} (R.).
Diodor: mit Inf. praes. II. 133_{24}.
Josephus: mit Inf. praes. IV. 151_{5}.

παρὰ τό c. Inf.

THUKYDIDES: mit Inf. praes. I. 26_{20}, 47_{3} in Reden.

POLYBIUS: mit Inf. aor. 1209_{20}.

DIONYS: mit Inf. praes. I. 130_{21}, II. 168_{5}; perf. IV. 244_{10}.
mit Acc. c. Inf. aor. I. 120_{13}.

JOSEPHUS: mit Inf. praes. I. 61_{21}, V. 156_{18}.
mit Acc. c. Inf. praes. II. 115_{2}.

APPIAN: mit Inf. praes. 88_{15}.

DIO CASSIUS: mit Inf. praes. I. 8_{2}.

4) Präpoſitionen in Verbindung mit dem Genetiv und Akkuſativ des Infinitivs.

διά c. Inf.

I. Mit dem Genetiv.

XENOPHON: mit Inf. praes. An. 68_{2}, comm. 7_{12}.
mit Acc. c. Inf. praes. Kyrop. 65_{14}.

JOSEPHUS: mit Inf. praes. IV. 111_{15}, VI. 208_{8}, 209_{14}; aor. II. 89_{13}, IV. 60_{9}.

PLUTARCH: mit Inf. praes. II. 41_{14}, IV. 107_{27}, V. 169_{21}.

DIO CASSIUS: mit Inf. aor. I. 27_{6} (bis).
mit Acc. c. Inf. praes. I. 217_{15}.

II. Mit dem Akkuſativ.

THUKYDIDES: mit Inf. praes.: in Reden I. 42_{13}, 51_{1}, 86_{22}, 87_{30}, 113_{20}, 130_{15}, 151_{3}, 247_{18}, II. 73_{5}, 129_{12}, 184_{15}; in der Darſtellung I. 14_{20}, 42_{20}, 122_{30}, 132_{6}, 153_{31}, 155_{2}, 213_{13}, 214_{2}, 259_{12}, 301_{19}, II. 3_{5}, 11_{17}, 67_{4}, 99_{7}, 103_{3}, 131_{24}, 171_{22}, 206_{19}, 245_{17}, 252_{14}, 272_{26}, 277_{3}; aor. in Reden II. 79_{25}, 62_{32}, 60_{17}, 188_{10}, I. 246_{30}; in der Darſtellung I. 41_{23}, 303_{20}, II. 103_{4}, 251_{8}; perf. in Reden I. 130_{6}, 151_{3}, II. 74_{24}, in der Darſtellung I. 122_{30}, II. 192_{24}.
mit Acc. c. Inf. praes.: Rede I. 24_{9}, II. 73_{24}, 111_{24}, 121_{14}, 123_{24}, 146_{13}, 164_{20}, Darſtellung I. 145_{14}, II. 5_{2}, 164_{20},

49_{22}, 103_{18}, 171_{25}, 190_{1}; aor. Rede I. 97_{27}, 246_{30}, Darstellung I. 145_{14}, 292_{3}, II. 9_{18}; perf. Darstellung I. 3_{2}, 101_{6}, 123_{18}, 145_{19}, 270_{29}, II. 200_{13}.

XENOPHON: mit Inf. praes. An. 26_{13}, 37_{4}, 88_{16}, $138_{13, 14}$, 158_{13}, 159_{8}, 163_{1}, 167_{11}, 186_{9}, 230_{6}, 238_{5}, 244_{25}, Kyrop. $11_{18, 19}$, $18_{10, 12}$, 19_{8}, 27_{24}, 28_{5}, 98_{27}, 101_{13}, $117_{5, 17, 19}$, 121_{4}, 123_{23}, 133_{12}, 169_{5}, 171_{13}, 182_{3}, 191_{28}, 196_{29}, 201_{30}, 208_{11}, 213_{16}, 278_{20}, 282_{3}, 285_{1}, 291_{30}, $303_{22, 23}$, 333_{17}, Hell. 13_{13}, 19_{2}, 23_{6}, 25_{6}, 48_{27}, 58_{2}, 59_{31}, $90_{30, 31}$, 103_{26}, 116_{24}, 117_{6}, 124_{11}, 165_{31}, 166_{1}, 172_{32}, 183_{28}, $196_{23, 25}$, 200_{26}, 201_{12}, 215_{3}, 216_{1}, 232_{25}, 267_{24}, 269_{18}, scr. min. 2_{23}, 68_{19}, $74_{5, 6}$, 77_{28}, 92_{7}, 95_{6}, $96_{16\ 30}$, 100_{4}, 102_{27}, $105_{27, 28}$, 120_{20}, 122_{7}, $123_{18, 20}$, $126_{21, 22}$, 128_{5}, 139_{12}, 140_{32}, 141_{1}, 142_{10}, $156_{21, 22}$, 159_{15}, 161_{15}, 197_{5}, 236_{8}, 237_{11}, $247_{7, 28}$, 277_{23}, 288_{20}, 289_{10}, 290_{24}, 296_{31}, $298_{7, 9, 29}$, $300_{4, 25}$, $311_{15, 23}$, comm. 6_{19}, 20_{27}, 29_{23}, 37_{19}, $41_{30, 32}$, $58_{22, 30}$, 59_{28}, 118_{9}, 120_{1}, 124_{11}, 125_{5}, 130_{1}; aor. Kyrop. $127_{14, 16}$, Hell. 140_{23}, 210_{8}, comm. 80_{5}; perf. An. 158_{14}, Kyrop. 117_{16}, 127_{27}, 149_{27}, 184_{27}, 242_{4}, 312_{17}, Hell. 186_{16}, scr. min. 83_{18}, 92_{9}, 116_{4}, 138_{20}, 298_{3}, comm. $115_{15, 17}$, 136_{1}.

mit Acc. c. Inf. praes. An. 101_{17}, 153_{2}, Kyrop. 110_{17}, 117_{18}, 127_{18}, 196_{28}, 201_{21}, 245_{15}, 273_{19}, 289_{11}, 315_{13}, Hell. 124_{12}, 129_{16}, 132_{22}, 147_{27}, 162_{26}, 173_{11}, 216_{4}, 272_{23}, scr. min. 86_{1}, 87_{26}, 90_{13}, 183_{7}, 211_{32}, $212_{1, 2, 3}$, com. 30_{2}, 102_{34}, 140_{14}; aor. Hell. 16_{26}, scr. min. 143_{20}, 241_{2}; perf. An. 54_{4}, 119_{4}, Kyrop. 117_{17}, 166_{13}, Hell. 21_{19}, 41_{10}, $47_{9, 10}$, 102_{26}, 118_{17}, scr. min. 27_{12}, 277_{1}, 291_{31}, 93_{20}, 102_{18}.

POLYBIUS: mit Inf. praes. $9_{6, 10}$, 11_{32}, 33_{4}, 45_{22}, 54_{30}, $61_{15, 23}$, 64_{16}, 82_{17}, 85_{12}, 88_{11}, 93_{29}, 100_{15}, 108_{12}, 110_{31}, 123_{8}, 124_{3}, 128_{7}, 129_{13}, 161_{1}, 188_{24}, $210_{2, 21}$, 237_{6}, 264_{3}, 278_{28}, 284_{30}, 286_{8}, 289_{31}, 299_{32}, 304_{12}, 324_{10}, 346_{12},

361_{17}, 373_{28}, 411_{10}, 432_{11}, 461_{26}, 469_{25}, 474_{8}, 489_{19}, $520_{9,20}$, 527_{26}, $546_{24,26}$, 550_{21}, $565_{8,19}$, 580_{17}, 583_{19}, 616_{11}, 637_{25}, 641_{28}, 643_{6}, 654_{11}, 666_{19}, 667_{18}, 686_{2}, $692_{6,7}$, 714_{13}, 720_{15}, 747_{23}, 767_{29}, 772_{21}, 787_{23}, 828_{15}, 832_{7}, 862_{1}, 871_{8}, 934_{21}, 961_{7}, 975_{30}, 983_{14}, 992_{13}, 997_{19}, 1010_{26}, 1042_{3}, 1059_{10}, 1194_{25}, 1103_{29}, 1105_{7}, 1115_{8}, 1123_{25}, 1127_{9}, 1133_{17}, 1139_{8}, 1156_{24}, 1157_{4}, 1170_{28}, 1210_{12}, 1220_{23}, 1243_{20}, 1250_{3}, 1346_{26}, 1387_{9}; aor. 373_{8}, 460_{16}, 465_{24}, 717_{16}, 935_{3}, 1016_{16}, 1176_{5}, 1243_{20}, 110_{29}, 165_{13}, 207_{20}; perf. 62_{19}, 70_{12}, 74_{12}, 99_{19}, 189_{28}, 202_{1}, 207_{14}, 225_{2}, 237_{28}, 303_{18}, 311_{4}, 338_{26}, 365_{1}, 414_{27}, 474_{3}, 506_{5}, 507_{24}, 525_{3}, 584_{13}, 635_{28}, 649_{16}, 654_{11}, 760_{17}, 772_{9}, 805_{31}, 874_{2}, 928_{28}, 948_{25}, 950_{25}, 1042_{21}, 1067_{16}, 1079_{19}, 1113_{1}, 1140_{27}, 1173_{12}, 1174_{21}, 1176_{22}, 1210_{7}, $1220_{12,19}$, 1221_{5}, 1229_{4}, $1272_{25,29}$, 1322_{14}.

mit Acc. c. Inf. praes. 1_{6}, 3_{18}, 11_{14}, 15_{27}, 22_{3}, 29_{28}, 31_{2}, 41_{26}, 45_{7}, 50_{21}, $56_{2,6}$, $59_{4,5}$, 61_{23}, 62_{26}, 65_{13}, 77_{1}, 81_{1}, 102_{26}, 112_{7}, 116_{9}, 118_{13}, 122_{12}, 123_{2}, $124_{7,16}$, 136_{18}, 141_{20}, 146_{12}, 147_{2}, 155_{20}, 157_{22}, 175_{12}, 179_{12}, 181_{3}, 199_{28}, $218_{20,22,24}$, 229_{18}, 240_{29}, 243_{24}, $244_{25,26}$, 245_{22}, 248_{12}, 262_{21}, 263_{29}, 266_{12}, 279_{3}, 287_{25}, 299_{29}, 307_{26}, $308_{11,21-23}$, 320_{9}, 322_{12}, $343_{15,17}$, $371_{17,24}$, $354_{14,15}$, 376_{24}, $377_{9,11}$, 401_{1}, 402_{15}, $426_{10,25}$, 445_{20}, 455_{29}, 465_{20}, 466_{31}, 473_{14}, 483_{16}, $489_{8,25}$, 493_{12}, 494_{6}, 496_{30}, $505_{23,25,29}$, 507_{25}, 518_{8}, 519_{1}, 523_{29}, 535_{2}, 547_{10}, 549_{27}, 554_{10}, 558_{3}, 559_{25}, 562_{29}, 574_{5}, 582_{28}, 583_{14}, 585_{19}, 592_{14}, 601_{16}, $603_{10,16}$, 628_{20}, $630_{17,27}$, 646_{12}, 648_{24}, 653_{25}, 655_{10}, 656_{30}, 659_{16}, 666_{22}, 686_{24}, 687_{3}, 708_{4}, 710_{10}, $719_{9,27}$, 724_{24}, 730_{7}, 748_{11}, 772_{12}, 773_{20}, 777_{14}, 785_{10}, 787_{24}, 789_{29}, 795_{21}, 797_{13}, 810_{25}, 811_{18}, 812_{30}, 814_{15}, 816_{24}, 842_{13}, 846_{24}, 865_{6}, 872_{11}, 882_{28}, 888_{20}, 893_{14}, 900_{7}, 918_{9}, 927_{27}, 933_{21}, 936_{6}, 939_{11}, 942_{27}, 948_{17}, 950_{29}, 953_{24}, 957_{29}, 958_{12}, 975_{5}, 985_{4}, 986_{22}, $1000_{5,17}$, 1010_{13}, 1013_{22}, 1039_{11}, 1048_{8},

1062$_{8}$, 1066$_{4}$, 1089$_{30}$, 1101$_{21}$, 1104$_{13}$, 1118$_{18}$, 1135$_{13}$, 1159$_{1}$, 1177$_{2}$, 1180$_{5}$, 1193$_{11, 12}$, 1240$_{13}$, 1242$_{22}$, 1244$_{1}$, 1250$_{1}$, 1253$_{26}$, 1260$_{16, 18}$, 1266$_{14}$, 1269$_{16}$, 1272$_{30}$, 1275$_{13}$, 1282$_{15}$, 1284$_{25}$, 1301$_{21}$, 1316$_{24}$, 1346$_{20}$, 1379$_{33}$; aor. 57$_{16}$, 73$_{9}$, 83$_{27}$, 124$_{32}$, 142$_{26}$, 171$_{10}$, 241$_{9}$, 319$_{15}$, 460$_{6}$, 489$_{28}$, 611$_{20}$, 675$_{11}$, 814$_{4}$, 905$_{12}$, 956$_{5}$, 957$_{26}$, 1039$_{13}$, 1133$_{30}$, 1134$_{5}$, 1243$_{1}$, 1246$_{3}$, 1269$_{19}$; perf. 18$_{25}$, 24$_{21}$, 56$_{1}$, 141$_{4}$, 144$_{6}$, 146$_{12}$, $_{19-21}$, 150$_{8}$, 109$_{24}$, 178$_{12}$, 179$_{12}$, 181$_{9}$, 213$_{17}$, 304$_{12}$, 313$_{29}$, 320$_{27}$, 324$_{10}$, 327$_{4}$, 336$_{30}$, 354$_{13, 16}$, 386$_{4}$, 396$_{2}$, 426$_{23}$, 455$_{29}$, 469$_{30}$, 479$_{12}$, 483$_{10, 24}$, 502$_{13}$, 503$_{14}$, 515$_{28}$, 532$_{6}$, 543$_{18}$, 619$_{15}$, 624$_{9}$, 630$_{12}$, 631$_{3}$, 643$_{3}$, 649$_{18}$, 652$_{17}$, 657$_{7}$, 668$_{18}$, 670$_{2}$, 682$_{26}$, 695$_{17}$, 712$_{27}$, 719$_{8}$, 720$_{17}$, 741$_{21}$, 750$_{22}$, 797$_{16, 18}$, 870$_{4, 25}$, 882$_{1}$, 893$_{14}$, 926$_{20}$, 958$_{3}$, 1013$_{21}$, 1046$_{28}$, 1047$_{29}$, 1051$_{30}$, 1065$_{24}$, 1069$_{16}$, 1141$_{11}$, 1159$_{1}$, 1181$_{23}$, 1193$_{20}$, 1206$_{5}$, 1220$_{28}$, 1223$_{20}$, 1224$_{10}$, 1286$_{4}$, 1296$_{10}$; fut. 190$_{24}$.

Diodor: mit Inf. praes. I. 31$_{11}$, 20$_{14}$, 65$_{3}$, 129$_{19}$, 145$_{24}$, 165$_{19}$, 167$_{13}$, 213$_{30}$, 256$_{23}$, 263$_{13}$, 281$_{20}$, 309$_{6}$, 314$_{6}$, 315$_{5}$, 344$_{9}$, II. 21$_{13}$, 68$_{16}$, 122$_{8}$, 153$_{21}$, 181$_{29}$, 237$_{13}$, 315$_{9}$, 348$_{3}$, 382$_{24}$, 430$_{32}$, 434$_{23}$, 445$_{30}$, 503$_{29}$, 505$_{1}$, III. 181$_{10}$, 189$_{6}$, 202$_{9}$, 203$_{32}$, 214$_{8}$, 225$_{24}$, 235$_{26}$, 266$_{28}$, 359$_{20}$, 417$_{18}$, 428$_{20}$, 444$_{23}$, 475$_{12}$, 576$_{8}$, 578$_{22}$, IV. 62$_{32}$, 131$_{21}$, 160$_{15}$, 189$_{21}$, 283$_{23}$, 329$_{32}$, 330$_{54}$, 342$_{31}$, V. 34$_{9}$, 172$_{7}$, 180$_{32}$; aor. I. 320$_{28}$, II. 161$_{17}$, 182$_{19}$, 422$_{4}$, 463$_{20}$, III. 11$_{13}$, 67$_{20}$, 87$_{7}$, 232$_{3}$, 494$_{28}$, IV. 73$_{12}$, V. 90$_{10}$; perf. I. 289$_{26}$, II. 119$_{30}$, 376$_{25}$, 405$_{8}$, 489$_{3}$, III. 19$_{11}$, 119$_{25}$, 202$_{7}$, 204$_{14}$, 278$_{30}$, 343$_{20}$, V. 41$_{17}$, 186$_{19}$.

mit Acc. c. Inf. praes. I. 9$_{29}$, 18$_{11}$, 23$_{20}$, 24$_{6}$, 33$_{2}$, 37$_{24}$, 57$_{3}$, 59$_{29}$, 61$_{12}$, 106$_{6}$, 125$_{15, 23}$, 138$_{21, 30}$, 145$_{14}$, 201$_{14}$, 213$_{32}$, 222$_{5}$, 231$_{28}$, 258$_{12}$, 277$_{19, 32}$, 278$_{5}$, 282$_{30}$, 286$_{30}$, 288$_{2}$, 293$_{29}$, 294$_{18}$, 302$_{23}$, 310$_{21}$, 313$_{11}$, 318$_{4}$, 338$_{14}$, 335$_{22}$, 341$_{6}$, 342$_{14}$, 344$_{15}$, 374$_{12}$, 387$_{7}$, 409$_{7}$, 445$_{7}$. II. 4$_{15}$, 7$_{16}$, 20$_{29}$, 23$_{32}$, 54$_{9}$, 55$_{27}$, 84$_{12}$, 85$_{4}$, 88$_{21, 27}$, 122$_{11}$,

130_{25}, 137_{23}, 146_{8}, 149_{19}, 158_{9}, 201_{22}, 211_{17}, 293_{18}, 304_{18}, 328_{16}, 352_{7}, $_{26}$, 401_{26}, 404_{15}, 406_{8}, 412_{9}, 481_{19}, 512_{27}, 514_{19}, 523_{29}, III. 20_{9}, 54_{13}, 65_{2}, 67_{24}, 69_{23}, 76_{24}, 91_{9}, 123_{3}, 131_{27}, 140_{10}, 151_{21}, 166_{12}, 192_{23}, 281_{17}, 294_{3}, 297_{21}, 319_{12}, 343_{18}, 350_{27}, 523_{10}, 548_{32}, 590_{12}, 594_{24}, 599_{9}, 608_{13}, IV. 15_{29}, 53_{3}, 183_{32}, 193_{9}, 212_{18}, 222_{6}, 234_{17}, 272_{20}, 274_{5}, 296_{24}, 302_{22}, 402_{19}, V. 81_{4}, 82_{29}, 135_{20}, 170_{6}, 180_{39}; aor. I. 30_{19}, 92_{27}, 136_{18}, 184_{10}, 298_{3}, 311_{31}, 340_{1}, 416_{20}, 427_{10}, II. 95_{10}, 108_{3}, 159_{30}, 176_{6}, 345_{1}, III. 72_{22}, 283_{12}, 315_{1}, IV. 73_{13}, 228_{28}; perf. I. 9_{2}, 126_{15}, 175_{20}, 294_{8}, 341_{5}, 348_{26}, 373_{14}, II. 76_{17}, 86_{5}, 144_{23}, 156_{3}, 243_{21}, 252_{28}, 319_{6}, 335_{22}, 343_{2}, $_{13}$, 358_{8}, 359_{1}, 384_{2}, 403_{14}, 409_{7}, 431_{15}, 485_{1}, 490_{22}, 513_{11}, III. 31_{27}, 56_{31}, 134_{2}, 159_{5}, 204_{31}, 250_{20}, 335_{30}, 359_{3}, 392_{10}, 438_{26}, 576_{8}, 603_{13}, IV. 46_{32}, 221_{19}, 228_{27}, V. 144_{13}, 169_{28}.

DIONYS: mit Inf. praes. I. 126_{20}, 281_{18}, 289_{18}, II. 9_{7}, III. 80_{5}, 193_{11}, 254_{32}, 301_{14}, aor. I. 12_{18}, 188_{22}; perf. II. 66_{4}, 78_{5}.
mit Acc. c. Inf. praes. I. 173_{31}, 183_{3}, 227_{32}, III. 14_{10}, 78_{9}, 214_{26}, IV. 167_{15}, 176_{4}; aor. II. 221_{1}, IV. 89_{28}, 262_{27}.

JOSEPHUS: mit Inf. praes. I. 10_{22}, 50_{28}, 52_{10}, 60_{7}, 110_{28}, 111_{9}, 264_{21}, 278_{26}, 280_{21}, II. 23_{31}, 165_{7}, 206_{25}, 253_{29}, 297_{7}, III. 93_{5}, 97_{7}, 105_{4}, 129_{10}, 137_{28}, 139_{19}, 145_{1}, 151_{17}, 152_{14}, 196_{20}, 197_{9}, 205_{23}, 243_{22}, 260_{23}, 285_{22}, 306_{17}, 332_{16}, IV. 19_{12}, 52_{7}, 68_{13}, 93_{10}, 98_{16}, 103_{21}, 107_{30}, 108_{17}, 117_{20}, 133_{29}, 149_{10}, 163_{29}, 166_{21}, 171_{20}, $_{29}$, 180_{2}, 184_{8}, 192_{30}, 208_{11}, $_{15}$, 209_{18}, $_{20}$, $_{31}$, 216_{8}, $_{19}$, 222_{8}, 270_{16}, 279_{7}, 285_{18}, VI. 196_{29}; aor. I. 57_{10}, 60_{9}, 81_{20}, 136_{27}, II. 76_{18}, 224_{3}, 274_{11}, 291_{7}, IV. 96_{5}, 118_{13}, 154_{2}, $_{30}$, 165_{18}, 167_{21}, 208_{23}, 210_{12}, 212_{30}, 331_{26}; perf. I. 51_{23}, 261_{10}, III. 64_{13}, 156_{21}, IV. 124_{5}, 164_{4}, 211_{32}, 215_{31}; fut. III. 198_{7}, 262_{17}, 269_{4}, 316_{5}, IV. 64_{7}, 103_{12}, 229_{30}, 255_{16}, 272_{8}, 276_{8}, 307_{3}.
mit Acc. c. Inf. praes. I. 21_{1}, 45_{27}, $_{29}$, 107_{3}, 109_{29}, 139_{17}, 157_{3}, $_{14}$, 158_{10}, 214_{9}, 216_{29}, 254_{24}, 288_{27}, II. 23_{7}, 31_{28}, 75_{10},

301_{19}, 310_{30}, 333_{1}, III. 76_{4}, 119_{18}, 176_{30}, 215_{2}, 221_{10}, $_{13}$, 239_{14}, 242_{11}, 274_{12}, 332_{25}, IV. 37_{22}, 84_{12}, $_{17}$, 85_{25}, 90_{18}, 97_{32}, 103_{13}, 111_{10}, 113_{18}, 115_{26}, 116_{14}, $_{17}$, 117_{2}, 123_{2}, $_{3}$, 155_{10}, 170_{1}, 173_{18}, 175_{17}, $_{27}$, 177_{12}, 180_{12}, 185_{20}, 186_{10}, 187_{10}, 190_{8}, $_{11}$, 194_{10}, $_{12}$, 196_{30}, 204_{22}, 205_{18}, 206_{8}, 215_{12}, 217_{16}, 219_{13}, 221_{19}, 327_{16}, 278_{1}, 312_{22}, $_{30}$, 330_{22}, V. 129_{22}, 146_{9}, 229_{18}, 272_{27}, VI. 195_{23}; aor. I. 36_{8}, 40_{9}, 81_{3}, $_{5}$, $_{9}$, 115_{20}, II. 126_{14}, 131_{18}, 151_{5}, III. 221_{11}, IV. 45_{11}, 73_{20}, 120_{16}, 127_{14}, 133_{25}, 141_{17}, 166_{12}, 191_{29}, 206_{13}, 223_{5}, 236_{15}, $_{19}$, V. 238_{28}, VI. 180_{1}, 242_{31}; perf. II. 150_{7}, 301_{19}, III. 240_{18}, IV. 105_{22}, 140_{1}, 145_{27}, 160_{12}; fut. IV. 163_{14}, 210_{4}, 229_{17}, 230_{7}, 298_{23}.

Plutarch: mit Inf. praes. I. 42_{30}, 67_{2}, 241_{3}, 279_{27}, 296_{31}, 319_{21}, II. 296_{22}, 392_{16}, III. 142_{4}, 250_{4}, 324_{30}, IV. 1_{6}, 46_{15}, 72_{29}, 114_{28}, 123_{12}, 128_{12}, 343_{4}, 350_{23}, 384_{8}, V. 21_{19}, 63_{29}, 118_{6}, 116_{3}, 130_{21}, 135_{7}, 154_{15}; aor. I. 33_{14}, 51_{23}, 173_{22}, 307_{31}, 326_{14}, II. 383_{16}, III. 382_{7}, IV. 332_{24}; perf. 305_{16}.

mit Acc. c. Inf. praes. I. 20_{3}, 37_{10}, 71_{24}, 80_{25}, 280_{31}, 380_{12}, II. 18_{22}, 166_{25}, 167_{10}, 240_{12}, 432_{19}, III. 93_{8}, 108_{15}, 253_{29}, IV. 42_{25}, 196_{3}, 380_{13}, 427_{26}; aor. I. 11_{5}, 18_{28}, 19_{2}, 268_{8}, 455_{26}, II. 187_{11}, 450_{15}, 477_{7}, III. 200_{13}, perf. I. 107_{18}, V. 65_{31}.

Arrian: mit Inf. praes. scr. min. 118_{4}.

Appian: mit Inf. praes. scr. min. 708_{8}.

Dio Cassius: mit Inf. praes. I. 50_{1}, 164_{19}, 313_{25}, 341_{24}, $_{25}$, 365_{18}, II. 238_{6}, 246_{29}, 285_{5}, III. 73_{30}, 110_{30}, $_{31}$, 270_{15}, IV. 183_{13}, 256_{10}; aor. I. 323_{20}, $_{22}$, III. 119_{5}, 141_{27}, 149_{12}, 190_{6}, IV. 91_{10}, 360_{8}.

mit Acc. c. Inf. praes. I. 79_{17}, 167_{23}, 347_{14}, II. 157_{13}, 312_{10}, 325_{24}, 410_{30}, 416_{16}, III. 147_{32}, 160_{25}, 255_{6}, 302_{27}, IV. 140_{15}, 287_{19}; aor. I. 188_{12}, $_{14}$, II. 132_{9}, IV. 25_{9}, 252_{9}, 311_{18}, 316_{27}, 349_{3}; perf. I. 39_{6}, III. 146_{17}, 161_{16}, IV. 252_{11}.

HERODIAN: mit Inf. praes. 73_{16}; perf. 204_{5}.
mit Acc. c. Inf. perf. 187_{22}.

ZOSIMUS: mit Inf. praes. 16_{15}, 101_{2}, 111_{19}, 176_{15}, 211_{19}, 250_{4}; aor. 70_{3}, 123_{2}, 271_{12}; perf. 70_{3}.
mit Acc. c. Inf. praes. 38_{26}, 46_{13}, 74_{7}, $117_{17,\,28}$, 143_{17}; perf. 250_{6}.

μετά c. Inf.

I. Mit dem Genetiv.

THUKYDIDES: mit Inf. praes. I. 4_{30} (D.), II. 109_{10} (D.); aor. I. 118_{8} (R.).

DIONYS: mit Inf. praes. III. $273_{27,\,28}$; aor. II. 272_{8}, III. 142_{26}.

JOSEPHUS: mit Inf. praes. I. 228_{12}, IV. 3_{5}, V. 6_{5}; aor. IV. 4_{15}, V. 138_{4}.
mit Acc. c. Inf. I. 115_{25}, VI. 38_{8}.

ZOSIMUS: mit Inf. praes. 12_{2}; perf. 213_{2}.

II. Mit dem Akkusativ.

HERODOT: mit Inf. praes. I. 80_{6}, II. 97_{20}.

POLYBIUS: mit Inf. aor. $600_{15,\,19}$, 611_{29}, 741_{6}, 753_{28}, 770_{2}, 1128_{32}, 1187_{23}, 1263_{23}, 1383_{24}.
mit Acc. c. Inf. aor. 189_{23}, 195_{21}, 698_{25}, 884_{22}, 917_{2}, 933_{18}, 938_{19}, 974_{21}, 1031_{8}, 1051_{19}, $1089_{11,\,22}$, 1106_{20}, 1247_{28}, 1276_{2}, 1277_{25}, 1366_{18}.

DIODOR: mit Inf. aor. V. 99_{8}, 112_{14}, 167_{2}.
mit Acc. c. Inf. aor. II. 159_{8}, IV. 366_{29}, V. 114_{3}, 174_{22}.

DIONYS: mit Inf. aor. II. 121_{8}, IV. 21_{30}.

JOSEPHUS: mit Inf. aor. I. 36_{14}, II. 144_{21}, III. 1_{6}, 16_{27}, 59_{25}, 65_{8}, VI. 196_{18}.
mit Acc. c. Inf. praes. V. 322_{19}; aor. II. 99_{6}, III. 222_{8}, 224_{24}, IV. $233_{10,\,28}$, V. 64_{21}, VI. 188_{3}, 196_{25}, 226_{28}.

DIO CASSIUS: mit Inf. aor. IV. 282_{31}.
mit Acc. c. Inf. III. 91_{30}, 214_{32}, IV. 228_{20}.

HERODIAN: mit Inf. praes. 81_{27}; aor. 54_{2}, 65_{3}, 77_{27}, 81_{27}, 139_{6}, 146_{24}.
mit Acc. c. Inf. aor. 164_{20}.

περί c. Inf.

I. Mit dem Genetiv.

HERODOT: mit Inf. praes. I. 356_{15}.

THUKYDIDES: mit Inf. praes. Rede I. $272_{20, 21}$, 274_{22}, Darst. I. 105_{26}, 289_{23}, II. 239_{5}; aor. Rede I. 23_{29}, 275_{16}, Darst. II. 178_{32}; perf. Darst. II. 174_{32}.
mit Acc. c. Inf. praes. I. 125_{2} (D.); aor. II. 32_{29} (D.).

XENOPHON: mit Inf. praes. An. 77_{19}, 224_{23}, Hell. $21_{4, 5}$, Kyrop. 204_{4}, 206_{27}, scr. min. 47_{9}, comm. 56_{25}; aor. Kyrop. 268_{1}.
mit Acc. c. Inf. praes. Kyrop. 296_{20}; perf. Kyrop. 313_{27}.

POLYBIUS: mit Inf. praes. 21_{27}, 729_{20}, 765_{15}, 782_{16}, 805_{7}, 1169_{1}; aor. 401_{14}, 853_{7}, 874_{9}, 1212_{11}, 1360_{9}; fut. 874_{8}.
mit Acc. c. Inf. praes. 12_{10}, 111_{19}, 209_{24}, $1114_{6, 17}$, $1350_{14, 16}$; aor. 640_{27}, 1131_{2}, 1135_{3}, 1174_{8}, 1090_{2}; perf. 1231_{23}.

DIODOR: mit Inf. praes. II. 386_{23}, III. 600_{28}; aor. II. 407_{14}, 523_{7}, III. 291_{26}, V. 100_{17}; fut. IV. 399_{3}.
mit Acc. c. Inf. perf. 314_{19}.

DIONYS: mit Inf. praes. I. 5_{6}, IV. 50_{2}; aor. II. 66_{22}, 305_{25}, III. 21_{23}, 142_{22}; fut. I. 168_{11}, II. 42_{31}, IV. 30_{2}.
mit Acc. c. Inf. praes. IV. 115_{26}, 164_{10}, $244_{5, 6}$; aor. II. 313_{26}, III. 301_{22}, IV. 134_{5}.

JOSEPHUS: mit Inf. praes. II. 323_{15}, III. 239_{13}, IV. 230_{16}, 270_{17}, 323_{25}, 327_{7}, V. 27_{19}, 176_{5}, VI. 174_{19}, 260_{2}; aor. I. 226_{26}, V. 182_{13}, VI. 154_{15}, 163_{6}, 222_{3}, 257_{12}, 280_{2}; perf. VI. 126_{16}; fut. III. 123_{28}, V. 178_{25}.
mit Acc. c. Inf. praes. I. 139_{17}, IV. 228_{15}, 236_{16}, 237_{15}, VI. 175_{9}; aor. III. 23_{18}, 232_{12}; perf. VI. 203_{27}, 277_{26}.

PLUTARCH: mit Inf. praes. I. 446_{18}, IV. 399_{4}.

Dio Cassius: mit Inf. praes. IV. 125_{19}.

Zosimus: mit Inf. praes. 253_{12}; aor. 51_{28}; fut. 116_{8}.

Es bedeutet:

1) In Betreff, in Bezug, über (= lat. de).

βουλὴν προτιθέναι Diod. II. 386_{23}; Zos. 253_{12}.

γνώμην ἔχειν Thuk. I. 125_{2}.

διάταγμα προτιθέναι Jos. IV. 236_{16}.

ἐλπίς Dion. I. 168_{11}.

ἔμφασιν ποιεῖν Pol. I. 350_{14}.

εὐχὰς ποιεῖσθαι Jos. III. 23_{17}.

κίνδυνος Diod. III. 600_{18}; Jos. V. 176_{5}.

λόγον ποιεῖσθαι Thuk. I. 23_{29}, II. 239_{5}.

λόγος Pol. 1114_{19}; Dion. III. 301_{22}; Jos. I. 133_{17}.

ἐν λόγῳ διελθεῖν Thuk. I. 274_{29}.

μνήμην ποιεῖσθαι Pol. 111_{13}.

ὅρκος Jos. VI. 280_{2}.

ὅρκους διαθέσθαι Dion. IV. 30_{2}.

ὅρκους ἐπαγαγεῖν Zos. 51_{22}.

ὅρκους ἐπιθέσθαι Dion. II. 42_{31}.

ὅρκους ποιεῖσθαι Jos. III. 123_{28}.

πίστις Dion. III. 313_{26}.

προθυμία Pol. 874_{9}.

πρόληψιν ἔχειν Pol. 874_{8}.

ἀμηχανεῖν Jos. II. 323_{15}.

ἀμφισβητεῖν Diod. I. 314_{19}.

ἀντειπεῖν Plut. I. 446_{18}.

ἀξιόω Jos. III. 232_{2}.

ἀπειπεῖν Jos. VI. 260_{2}.

ἀπολογεῖσθαι Jos. V. 27_{19}.

ἀποφαίνεσθαι Jos. IV. 228_{25}.

βουλεύεσθαι Xen. Kyrop. 204_{4}; Pol. 21_{27}, 765_{13}, 1360_{9}.

γιγνώσκω Thuk. I. 105_{26}.

γράφω Pol. 1131_{2}.

δηλόω Xen. scr. min. 47_{9}.

δημηγορεῖν Diod. V. 110_{17}.

διαδιδόναι φήμην Josephus VI. 272_{25}.

διαλέγεσθαι Pol. 1174_{8}; Dion. IV. 115_{26}; Zos. 116_{8}.

διασαφεῖν Pol. 1231_{23}.

διαφέρεσθαι Dion. I. 5_{6}.

διδάσκω Dion. IV. 50_{2}, 164_{10}.

δικαιολογεῖσθαι Jos. IV. 237_{15}.

εἰπεῖν Thuk. I. 188_{23}.

ἐμφανίζω Jos. III. 239_{13}.

ἐναντιοῦσθαι Plut. IV. 399_{4}.

ἐνδέχεσθαι Thuk. II. 174_{32}.

ἐξαπατᾶν Thuk. II. 32_{29}.

ἐπικρατεῖ τ' ἀληθές Jos. IV. 175_{8}.

ἰσχυρίζεσθαι γράμμασιν Jos. I. 226_{26}.

κατατάττεσθαι ῥητῶς Pol. 207_{4}.

λέγω Xen. Kyrop. 206_{27}; Jos. VI. 203_{37}.
μακρηγορεῖν Thuk. I. 272_{20}.
μετανοεῖν Jos. VI. 163_{6}.
μεταπειθεῖν Jos. IV. 323_{25}.
μιμνήσκεσθαι Dion. IV. 164_{10}.
νομοθετεῖν D. C. IV. 125_{29}.
νουθετεῖν Jos. IV. 270_{17}.
παρακαλεῖν Pol. 1212_{11}.
παρακούειν Pol. 1230_{2}.
παρασιωπᾶν Diod. IV. 399_{3}.
πρεσβεύειν Pol. 1114_{6}.
προνοεῖν Jos. VI. 263_{9}.
προσδοκᾶν Jos. VI. 154_{15}.
προσεπιτείνειν τὴν ὀργήν Jos. VI. 125_{25}.
ῥηθῆναι Pol. 12_{10}, 729_{20}.
στασιάζω Thuk. I. 289_{13}; Xen. comm. 56_{25}.
συμβουλεύεσθαι Xen. Hell. 21_{4}.
συνεῖναι Xen. Kyrop. 296_{20}.
ὑπολαμβάνω Diod. IV. $244_{5, 6}$.
ὑποσχέσθαι Jos. V. 178_{25}.
φρονεῖν Jos. IV. 230_{16}.

2) Im Intereſſe = ὑπὲρ τοῦ c. Inf.

ἀγών Thuk. II. 93_{8}; Diod. II. 407_{14}, III. 291_{21}; Dion. II. 305_{23}, III. 21_{23}, Jos. V. 182_{13}.
ἐπιμέλεια Jos. VI. 174_{19}.
ἐπιμέλειαν ἔχειν Pol. 401_{14}.
ἐπιμέλειαν ποιεῖσθαι Thuk. II. 178_{32}.
ὁρμή Pol. 874_{9}.
παραινέσεσι χρῆσθαι IV. 329_{7}.
πρόνοιαν ποιεῖσθαι Pol. 805_{7}; Dion. IV. 134_{5}.
σπουδὴν ποιεῖσθαι Pol. 782_{10}, 853_{7}.

ἀγωνίζεσθαι Xen. An. 77_{19}.
διαμάχεσθαι Dion. II. 66_{24}.
διανοεῖσθαι Pol. 1360_{10}.
διατάττω Xen. Kyrop. 313_{27}.
ἥκειν Pol. 1169_{1}.
ἱλάσκεσθαι θεούς Jos. VI. 222_{3}.
λαβεῖν χρήματα Diod. II. 523_{7}.
παθεῖν Jos. VI. 257_{12}.
ποιεῖν Xen. An. 224_{23}.
σπουδάζειν Pol. 1090_{2}.
φροντίζειν Pol. 640_{27}, 1135_{3}.

II. Mit dem Akkuſativ.

Xenophon: mit Inf. praes. scr. min. $259_{15, 16}$.

Polybius: mit Inf. praes. 50_{19}, 77_{9}, 876_{23}, 1023_{1}, 1051_{9}, 1069_{8}, (1090_{2}?) 1351_{14}.

Diodor: mit Inf. praes. II. 91_{11}; aor. IV. 249_{26}.

Dionys: mit Inf. praes. III. 173_{11}.

JOSEPHUS: mit Inf. praes. II. 275$_{24}$.
PLUTARCH: mit Inf. praes. V. 108$_{8}$.
DIO CASSIUS: mit Inf. praes. IV. 178$_{12}$; aor. II. 416$_{9}$.

Es bezeichnet:

1) Die Beziehung:

δεός Jos. II. 275$_{24}$. σπουδή DIOD. IV. 249$_{26}$.
εὐλαβής DION. III. 172$_{11}$.

ἀποδιατρίβω D. C. II. 416$_{9}$. ὑπερβάλλω PLUT. V. 108$_{8}$.
ἔχειν ὀλιγώρως DIOD. II. 91$_{11}$.

2) Den Gegenſtand der Beſchäftigung nach:

γίνεσθαι POL. 50$_{19}$, 77$_{9}$, 876$_{23}$, 1023$_{1}$, 1051$_{9}$, 1069$_{28}$, 1351$_{14}$. ἀσχολεῖν D. C. IV. 178$_{12}$.

5) Präpoſitionen in Verbindung mit dem Dativ und Akkuſativ des Infinitivs.

ἐπί c. Inf.

I. Mit dem Dativ.

THUKYDIDES: mit Inf. praes. I. 22$_{4}$, 24$_{21}$, $_{23}$, 43$_{1}$, 45$_{33}$, 72$_{23}$, $_{25}$, 189$_{7}$.
mit Acc. c. Inf. praes. I. 42$_{26}$ nur in Reden.

XENOPHON: mit Inf. praes. Kyrop. 153$_{20}$, Hell. 268$_{32}$, scr. min. 15$_{31}$ (bis), 16$_{1}$, 69$_{28}$, 82$_{15}$, $_{21}$, 162$_{26}$ (bis), $_{27}$, $_{29}$, 301$_{26}$; comm. 3$_{31}$, 50$_{15}$, 80$_{23}$, 106$_{10}$, 132$_{24}$, 139$_{3}$, 140$_{22}$.

POLYBIUS: mit Inf. praes. 107$_{31}$, 135$_{2}$, 150$_{31}$, 1164$_{3}$, 1079$_{21}$, 1172$_{4}$, 1327$_{28}$, 1149$_{5}$, 773$_{18}$, 1012$_{22}$, 1020$_{10}$, 1128$_{27}$, 1017$_{24}$, 1029$_{24}$, 1069$_{20}$, 1104$_{7}$; aor. 55$_{9}$, $_{10}$, 375$_{17}$, 917$_{4}$, 1218$_{3}$; perf. 478$_{25}$, 512$_{7}$, 892$_{11}$, 1028$_{8}$.
mit Acc. c. Inf. praes. 272$_{3}$, 655$_{26}$, 1275$_{21}$; aor. 1178$_{1}$, 1387$_{3}$; perf. 50$_{4}$, $_{5}$, 54$_{2}$, 154$_{5}$, 304$_{4}$, 479$_{29}$, 885$_{15}$, $_{18}$, 924$_{10}$, 1080$_{1}$, 1161$_{30}$, 1167$_{6}$, 1244$_{4}$.

DIODOR: mit Inf. praes. III. 80$_{24}$, 157$_{13}$, IV. 76$_{5}$, 127$_{9}$, 131$_{10}$, 294$_{5}$, 377$_{7}$, V. 134$_{19}$; aor. II. 497$_{25}$, 516$_{1}$, IV. 32$_{6}$, 131$_{9}$;

perf. II. 124$_{4}$, 497$_{23}$, III. 445$_{28}$, IV. 28$_{21}$, 365$_{16}$, V. 65$_{24}$.
mit Acc. c. Inf. praes. III. 99$_{27}$, IV. 122$_{14}$; aor. IV. 296$_{14}$; perf. I. 382$_{14}$; II. 469$_{27}$, III. 133$_{26}$, 520$_{25}$, 509$_{24}$, IV. 381$_{6}$, V. 13$_{32}$.

Dionys: mit Inf. praes. I. 164$_{31}$, II. 84$_{5}$, 123$_{19}$, 152$_{27}$, 302$_{1}$, 309$_{1}$, III. 191$_{32}$, IV. 18$_{29}$, 29$_{4}$; aor. II. 58$_{19}$, 66$_{9}$, 109$_{13}$, 200$_{8}$, 307$_{14}$, III. 29$_{18}$, 30$_{31}$, IV. 228$_{11}$; perf. II. 69$_{1}$, III. 30$_{32}$, 300$_{30}$.
mit Acc. c. Inf. aor. II. 54$_{24}$, 173$_{19}$, 196$_{28}$; perf. I. 176$_{31}$, III. 252$_{5}$, IV. 152$_{1}$.

Josephus: mit Inf. praes. I. 79$_{28}$, 86$_{28}$, 138$_{6}$, 223$_{21}$, 224$_{34}$, II. 46$_{6}$, III. 101$_{14}$, 103$_{2}$, 189$_{21}$, 342$_{6}$, IV. 154$_{2}$, V. 113$_{13}$, VI. 285$_{11}$; aor. I. 47$_{1}$, 74$_{23}$, 108$_{27}$, 182$_{17}$, 222$_{25}$, 250$_{3}$, II. 15$_{27}$, 16$_{6}$, 29$_{31}$, 49$_{8}$, 83$_{15}$, 273$_{6}$, III. 123$_{29}$, 288$_{24}$, V. 217$_{17}$, 289$_{25}$, 298$_{1}$, V. 11$_{29}$, 180$_{11}$, VI. 265$_{12}$; perf. II. 14$_{17}$, 95$_{10}$, III. 142$_{8}$, IV. 102$_{1}$.
mit Acc. c. Inf. praes. I. 88$_{19}$, III. 51$_{16}$, 203$_{1}$, IV. 151$_{30}$, 272$_{20}$, VI. 10$_{3}$; aor. I. 204$_{26}$, 250$_{7}$, II. 136$_{5}$, 267$_{20}$, III. 24$_{23}$; perf. I. 12$_{7}$, II. 41$_{11}$, III. 41$_{12}$, VI. 76$_{17}$.

Plutarch: mit Inf. praes. I. 80$_{10}$, 149$_{21}$, 312$_{28}$, II. 31$_{32}$, 47$_{29}$, 48$_{30}$, 89$_{1}$, 147$_{13}$, 221$_{20}$, 238$_{1}$, 263$_{9}$, 384$_{12}$, 433$_{30}$, 434$_{2}$, 488$_{27}$, IV. 163$_{5}$, V. 35$_{23}$; aor. I. 115$_{25}$, 190$_{21}$, 408$_{16}$, 438$_{8}$, II. 17$_{17}$, 34$_{16}$, 205$_{8}$, 361$_{32}$, 412$_{9, 15}$, III. 201$_{2}$, 218$_{6}$, 275$_{21}$, 379$_{31}$, IV. 29$_{30}$, 204$_{26}$, 220$_{11}$, 426$_{10}$, 428$_{6}$, V. 102$_{13}$, 152$_{12}$, 174$_{24}$, 218$_{22}$; fut. I. 180$_{8}$.
mit Acc. c. Inf. praes. I. 404$_{18}$, III. 76$_{8}$, 145$_{25}$, IV. 149$_{20}$, 313$_{14}$; aor. II. 125$_{24}$, IV. 403$_{22}$, V. 94$_{6}$.

Arrian: mit Inf. praes. An. 157$_{16}$; aor. An. 42$_{2}$, 157$_{14}$, 321$_{32}$, 322$_{1}$; scr. min. 68$_{32}$.

Appian: mit Inf. praes. 587$_{12}$; aor. 421$_{15}$.

Dio Cassius: mit Inf. praes. I. 48$_{4, 6}$, 281$_{9}$, III. 166$_{30}$, IV. 219$_{32}$; aor. I. 76$_{5}$, 223$_{6}$, II. 82$_{6}$, 176$_{13}$, 368$_{21}$, 375$_{17}$, III. 8$_{32}$, 43$_{19}$, 112$_{16}$, 334$_{5}$, IV. 7$_{25}$, 35$_{16}$, 132$_{27}$, 275$_{24}$.

mit Acc. c. Inf. praes. IV. 183$_{24}$; aor. I. 225$_{27}$, II. 394$_{4}$, III. 158$_{7}$, 166$_{30}$; perf. IV. 299$_{30}$.

HERODIAN: mit Inf. perf. 86$_{21}$.

mit Acc. c. Inf. aor. 65$_{1}$.

ZOSIMUS: mit Inf. aor. 69$_{14}$.

Es bezeichnet

1) Den Zweck einer Handlung nach folgenden Ausdrücken:

αἰτεῖσθαι ἐξουσίαν Jos. III. 30$_{31, 32}$.
ἀναρρίπτειν κίνδυνον PLUT. V. 102$_{13}$.
ἀποδεικνύναι D. C. II. 82$_{16}$.
ἀποπέμπω D. C. III. 112$_{16}$.
ἀσκεῖν ἀνδρείαν Jos. IV. 265$_{11, 12}$.
βοηθεῖν THUK. I. 45$_{23}$.
γίνεσθαι Jos. I. 204$_{28}$.
δαπανᾶν THUK. I. 72$_{23, 25}$.
διαφθείρειν PLUT. II. 412$_{9}$.
διδόναι ἐντολάς POL. 1346$_{16}$.
ἐκδρομὴ γίνεται ARR. An. 42$_{28}$.
ἐκπέμπω THUK. I. 22$_{4}$, 24$_{21}$.
ἐκτελεῖν πράξεις Jos. II. 81$_{20}$.
ἑλέσθαι τυράννους PLUT. II. 147$_{10}$.
ἐλθεῖν Jos. III. 101$_{14}$, 103$_{2}$.
ἐξάγειν PLUT. I. 180$_{8}$.
ἐπιγαμία τεῖχός ἐστι Jos. IV. 64$_{13}$.
ἥκειν Jos. III. 123$_{29}$.
καθίστασθαι Jos. III. 103$_{2}$.
κατάκλησις γίνεται Jos. IV. 76$_{17}$.
καταλύειν Jos. III. 288$_{24}$; PLUT. I. 149$_{21}$.
καταπλεῖν PLUT. I. 180$_{8}$.
καταστήσασθαι ἀρχήν DION. III. 29$_{18}$.
κατοικίζω THUK. I. 24$_{33}$.
λέγειν THUK. I. 189$_{7}$.
λύειν νόμους Jos. III. 275$_{21}$.
μεταπείθεσθαι D. C. III. 334$_{5}$.
οἷον γίνεσθαι Jos. I. 138$_{1}$.
πάσχειν PLUT. 341$_{36}$.
ποιεῖν XEN. comm. 50$_{15}$.
ποιεῖν ἑαυτὸν δοῦλον PLUT. II. 433$_{10}$.
ποιεῖν ἐπίνειον POL. 1387$_{6}$.
ποιεῖν πάντα Jos. II. 83$_{15}$.
πολεμεῖν πόλεμον PLUT. IV. 426$_{10}$.
προαιρεῖσθαι ἐνέχυρον D. C. III. 158$_{7}$.
προδεικνύναι Jos. I. 79$_{28}$.
προέσθαι βίον PLUT. IV. 220$_{11}$.
προσιέναι DIOD. V. 126$_{13}$.
προσκτᾶσθαι τοὺς πολίτας PLUT. II. 238$_{1}$.
προσφέρειν βίαν Jos. III. 254$_{21}$.
σπείσασθαί τινι D. C. I. 281$_{9}$.
στέλλειν ARR. An. 157$_{14, 15}$, 321$_{22}$, 322$_{6}$.
στρατεύειν XEN. Hell. 368$_{32}$.

συνάρασθαι στρατείας Dion. II. 307_{14}.
συνείργειν Plut. III. 74_{29}.
σύνοδος γίνεται Dion. II. 164_{31}.
συντάττεσθαι Plut. III. 145_{25}.
σώζεσθαι Plut. III. 218_{8}.
τάττεσθαι Xen. Kyrop. 153_{29}; Pol. 55_{9}.
ὑπομένειν τι Jos. VI. 180_{11}.
φέρειν ψήφους App. 587_{12}.
φύειν Thuk. I. 42_{20}.
χορηγεῖν ἀφθονίαν Jos. I. 124_{3}, $_{4}$.

2) Die Bedingung nach:

αἰτεῖσθαι ἄδειαν Plut. II. 17_{17}.
ἀποδιδόναι τὴν πόλιν Plut. IV. 149_{20}.
ἀπολαβεῖν χρήματα D. C. IV. 132_{27}.
δέχεσθαι τινα Plut. V. 174_{29}.
διαλλάττειν Plut. IV. 313_{14}.
διαφθεῖραι τὸ βρέφος Plut. I. 80_{10}.
ἐκδιδόναι Plut. IV. 428_{6}.
ἐλθεῖν ἐς ὁμολογίαν D. C. IV. 275_{24}.
καταπαύειν τὴν ταραχήν Diod. IV. 296_{14}.
νέμειν τὸ ἴσον Thuk. I. 43_{1}.
ὁμολογεῖν D. C. III. 8_{32}.
παραδιδόναι ἑαυτόν Jos. I. 88_{29}; Plut. II. 34_{16}.
ποιεῖσθαι ὁμολογίας Dion. IV. 228_{9}.
ποιεῖσθαι σπονδάς Plut. I. 408_{18}.
πράττειν εἰρήνην D. C. II. 368_{21}.
προκαταλλαγῆναι D. Cass. III. 166_{30}, $_{31}$.
προσδέχεσθαι λόγον Jos. I. 108_{27}.
προσκεῖσθαι Xen. comm. 106_{10}.
προτείνειν εἰρήνην καὶ φιλίαν Plut. II. 263_{9}.
συγχωρεῖν Jos. I. 212_{25}.
συμβαίνειν πρός τινα Dion. IV. 18_{29}.
τυχεῖν ἀνοχῆς D. C. IV. 35_{16}.
χαρίσασθαί τι Dion. IV. 29_{1}.

3) Den Grund (= Kausalsatz) nach den Ausdrücken

a) Des Affekts:

ἀγάλλεσθαι Xen. comm. 80_{23}.
ἀγανακτεῖν Pol. 1149_{5}; Diod. II. 497_{22}; Dion. I. 176_{21}, II. 196_{28}, 200_{9}, III. 191_{32}, IV. 152_{1}; Jos. I. 204_{20}, V. 217_{7}; Plut. II. 412_{15}, 488_{27}, IV. 163_{5}, 204_{26}; D. C. II. 375_{1}.
αἰδεῖσθαι Jos. V. 289_{25}.
ἀσμενίζω Pol. 517_{7}, 1241_{4}.
ἀσχάλλειν Pol. 1257_{21}.
ἀχθάνεσθαι Dion. III. 252_{5}; Jos. V. 298_{1}.
βαρύνεσθαι Pol. 1167_{6}.
γαυριᾶσθαι Plut. I. 115_{25}, 1189_{1}, II. 89_{1}.
γελασθῆναι Dion. II. 84_{5}.

δεινοπαθεῖν Jos. III. 51₆.
διοργίζεσθαι Pol. 1029₂₄.
δυςαρεστεῖν Pol. 375₁₈, 150₃₁.
δυςελπιστεῖν Pol. 154₅.
δυςφορεῖν Diod. I. 382₁₆; Jos. II. 273₁₆; Plut. I. 438₈; Herod. 86₂₁.
δυςχεραίνω Pol. 272₃, 1012₁₂, 1020₁₀, 1128₂₉; Jos. III. 342₁.
ἐπαγάλλεσθαι Xen. scr. min. 15₃₁, 16₁.
ἐπαίρω Dion. II. 109₁₃.
εὐδοκιμεῖν Dion. II. 164₃₁.
εὔελπιν γίνεσθαι Pol. 135₂.
ἔχειν δι' ὀργῆς Dion. II. 309₁.
ζηλοτυπεῖν Jos. III. 189₁₁.
ἥδεσθαι Jos. II. 41₁; Plut. II. 76₃.
θαρρεῖν Jos. VI. 10₃.
θαυμάζεσθαι Xen. scr. min. 140₂₃; Pol. 1069₂₀; Jos. II. 49₁₆; Plut. II. 384₁₂.
λυπεῖσθαι Pol. 1167₆.
λυπή Jos. I. 74₂₃.
μεγαλαυχεῖν Pol. 827₁₅.
μεγαλοφρονεῖν Plut. V. 35₂₃; D. C. IV. 299₃₀.
μεγαλύνεσθαι Xen. scr. min. 69₂₈, 162₂₆, ₂₇, ₂₈.
μεταγιγνώσκω Herod. 65₁.
μεταμέλεσθαι Pol. 917₄; Diod. IV. 32₆; Plut. II. 205₈.
νεμεσᾶν D. C. IV. 183₂₄.

οἰκτίζεσθαι Pol. 917₄.
παροξυνθῆναι Jos. I. 127₂₉.
περιχαρής Pol. 50₁₅, 54₈, 107₃₁, 924₁₀, 655₂₆; Diod. IV. 76₅, 127₉, 520₂₅; Jos. II. 15₁₀, III. 41₁₅.
προςκόπτειν Diod. III. 99₂₇.
σεμνύνεσθαι Pol. 1327₂₈; D. C. IV. 7₂₅.
συγχαίρειν Pol. 892₁₁; Diod. III. 599₂₄.
φέρειν βαρέως Diod. II. 124₄, 469₂₇, III. 133₂₆.
φέρειν ῥᾳδίως D. C. III. 43₁₉.
φέρειν χαλεπῶς Pol. 885₁₅, ₁₈, 1105; Diod. III. 21; Jos. I. 250₇, II. 136₅.
φρονεῖν μέγα Xen. scr. min. 82₁₅, ₂₁; comm. 3₃₁, 139₃; Dion. III. 300₂₀, II. 302₁; Jos. IV. 272₂₀; Plut. I. 312₂₈, II. 31₃₂, V. 218₂₂; D. C. I. 48₄.
χαίρειν Pol. 1161₃₀, 1079₂₁, ₂₂; Diod. IV. 122₂₄; Jos. I. 86₂₅, 182₁₇, 233₂₁, III. 142₈, IV. 151₃₀.
χαλεπῶς διατεθῆναι Diod. II. 516₁.
χαλεπῶς ἔχω Diod. IV. 377.
χάρις Jos. I. 45₁; Pol. 478₂₅, 1028₈.

b) Nach den Ausdrücken, die einen **Zustand** bezeichnen:

ἀδημονεῖν Dion. II. 54_{24}, 123_{19}.
ἀδοξεῖν Diod. III. 157_{13}.
ἀπορεῖσθαι Zos. 69_{14}.
γίνεσθαι δικαιότατος καὶ κράτιστος Plut. V. 152_{16}.
γίνεσθαι κατάκριτος Diod. V. 65_{24}.
διακεῖσθαι διαπόρως Pol. 773_{13}.
διαπορεῖν Diod. V. 13_{32}.
δυσχρηστεῖν Pol. 304_{31}.
ἡσυχίαν ἄγειν Jos. II. 267_{21}.
μεταβάλλεσθαι Plut. IV. 403_{22}.

c) Des **Lobens** und **Tadelns**:

βλασφημεῖσθαι Diod. V. 124_{29}.
ἐγκαλεῖν Pol. 429_{28}; Diod. IV. 365_{16}, Plut. IV. 29_{30}.
ἐγκλήματος ἄξιον εἶναι Pol. 1104_{7}.
ἐπαινεῖν Pol. 1218_{3}; Diod. II. 448_{25}, IV. 131_{9}; Dion. II. 63_{1}.
ἐπιτιμᾶν Pol. 1178_{1}.
καταλαλεῖσθαι πικρῶς Pol. 1164_{3}.
καταμέμφεσθαι Pol. 1172_{4}.
κατηγορεῖν Plut. II. 434_{2}.
μακαρίζειν Dion II. 152_{27}.
μέμφεσθαι Plut. V. 94_{6}.
μεμψιμοιρεῖν Pol. 1017_{24}; D. C. IV. 28.

d) Nach **allgemeinen** Ausdrücken:

αἰτεῖσθαι συγγνώμης Plut. III. 379_{31}.
ἀναγορεύειν τινά Plut. III. 201_{2}.
ἀφαιρεθῆναι τὰς ἱερωσύνας Plut. II. 125_{22}.
διεργάζεσθαι ἑαυτόν Plut. I. 190_{21}.
δόξα Plut. II. 221_{20}.
δόξαν ἔχειν D. C. I. 48_{6}.
ἐμφαίνειν τι Jos. II. 14_{16}.
ἐπίκλησιν λαβεῖν D. C. IV. 219_{32}.
ἐπιμαρτύρεσθαι D. C. IV. 381_{6}.
ἐφίεναι τι D. C. II. 394_{14}.
καχίζω Jos. VI. 11_{29}.
μεταβάλλεσθαι Plut. IV. 403_{22}.
μετανοεῖν Jos. II. 29_{31}.
παροξύνεσθαι Jos. II. 2_{7}.
πιμπλάναι ἐξουσίαν Jos. IV. 221_{6}.
πράττειν τι D. C. I. 76_{5}.
ῥίπτειν αὐτὸν εἰς γῆν Jos. III. 29_{23}.
συνεκκομίζειν καὶ θρηνεῖν Plut. IV. 198_{24}.
ὑποπτεύεσθαι D. C. I. 224_{1}.
φεύγειν App. 421_{15}.

II. Mit dem Akkufativ.

THUKYDIDES: mit Inf. praes. I. 132_{10}, Erzählung.

XENOPHON: mit Inf. praes. An. 68_{1}, 173_{13}, 186_{29}; Hell. 45_{13}, 120_{29}, 124_{22}, Kyrop. 42_{13}, 43_{21}, 287_{24}; scr. min. 150_{12}, 186_{27}, 299_{29} (bis), comm. 3_{26}, 40_{15}, 58_{23}, $88_{14, 15}$; aor. Kyrop. 12_{3}.

mit Acc. c. Inf. praes. Hell. -219_{21}, Kyrop. 42_{14}.

POLYBIUS: mit Inf. praes. 24_{12}, 30_{25}, 36_{19}, 38_{20}, $23_{5, 6}$, 102_{12}, 118_{8}, 142_{18}, 155_{12}, 278_{18}, 361_{9}, 548_{22}, 591_{10}, 610_{4}, 793_{15}, 794_{13}, 925_{2}, 1007_{13}, 1065_{3}, 1191_{27}, 1237_{27}, 1298_{10}, 1324_{19}; aor. 145_{6}, 148_{28}, 154_{11}, 191_{28}, 906_{13}, 1385_{22}.

DIODOR: mit Inf. praes. II. 498_{1}, IV. 237_{21}, V. 71_{17}; aor. II. 430_{10}, 560_{20}, V. 30_{6}.

DIONYS: mit Inf. praes. I. 206_{30}, II. 301_{13}, 12_{32}, III. 62_{16}, 126_{14}.

JOSEPHUS: mit Inf. praes. I. 280_{23}, II. 17_{9}, IV. 110_{2}, 177_{14}, 227_{31}, 229_{18}, IV. $177_{13, 18, 20}$; aor. I. 18_{6}, V. 137_{18}; perf. I. 39_{31}.

PLUTARCH: mit Inf. praes. I. 73_{14}, 272_{20}, III. 143_{6}, IV. 20_{5}, 194_{13}, 219_{8}, 291_{4}.

ARRIAN: mit Inf. aor. An. 294_{7}.

HERODIAN: mit Inf. aor. 58_{8}.

ZOSIMUS: mit Inf. praes. 145_{14}, 214_{28}; aor. 104_{22}, 159_{17}.

Es bezeichnet

1) Eine adverbielle Beftimmung des Ortes auf die Frage: Wohin? nach folgenden Ausdrücken:

ὁδὸς XEN. An. 68_{1}, Kyrop. 12_{3}, $42_{13, 14}$, 43_{21}.

ἄγειν XEN. comm. 40_{15}.

ἐλθεῖν XEN. Kyrop. 287_{24}; comm. 3_{26}; PLUT. III. 143_{6}.

ἐπιφέρεσθαι DIOD. III. 560_{20}.

καταντεῖν POL. 1065_{3}.

καταφέρεσθαι POL. 793_{15}, 1191_{27}; DIOD. IV. 237_{21}.

ὁρμᾶν Xen. comm. 38$_{13}$, 88$_{14}$, $_{15}$; Pol. 24$_{12}$, 30$_{25}$, 36$_{19}$, 83$_{5}$, $_{6}$, 102$_{12}$, 118$_{18}$, 142$_{18}$, 148$_{28}$, 154$_{11}$, 155$_{12}$, 278$_{18}$, 361$_{9}$, 548$_{22}$, 591$_{10}$, 610$_{4}$, 794$_{13}$, 906$_{13}$, 925$_{2}$, 1007$_{13}$, 1237$_{27}$, 1346$_{5}$; Diod. II. 498$_{1}$, III. 430$_{10}$, V. 30$_{5}$; Dion. II. 301$_{13}$; Jos. VI. 177$_{13}$; Plut. 194$_{13}$, 219$_{8}$; Zos. 104$_{22}$.

παραγίνεσθαι Pol. 191$_{28}$; Plut. I. 73$_{14}$.

παρορμᾶν Pol. 145$_{6}$; Dion. III. 126$_{24}$.

προτρέπεσθαι Dion. I. 206$_{30}$.

συγκαταφέρεσθαι Pol. 1298$_{10}$.

τρέπεσθαι Xen. Hell. 120$_{29}$, 124$_{22}$; Dion. II. 12$_{32}$, III. 62$_{16}$; Jos. VI. 177$_{13}$; Plut. I. 272$_{30}$, IV. 291$_{4}$; Zos. 159$_{12}$, 214$_{28}$.

φέρεσθαι Pol. 1324$_{19}$; Plut. IV. 20$_{5}$.

χωρεῖν Jos. VI. 177$_{21}$.

2) Ein indirektes Objekt auf die Frage: Wozu? und zwar:

a) Die Funktion einer Eigenſchaft:

φροντίς Jos. I. 280$_{23}$.

ἐπιτήδειος Herod. 58$_{8}$.

ὀξύς Arr. An. 294$_{9}$.

προπετής Xen. Hell. 45$_{12}$.

ἔχειν ἑτοίμως Jos. I. 39$_{31}$.

προοργισθῆναι Jos. V. 173$_{18}$.

b) Das Ziel einer Handlung nach den Ausdrücken

α) Des Veranlaſſens:

ἀνάγειν Xen. Hell. 219$_{21}$.

παρακαλεῖν Xen. scr. min. 186$_{27}$.

παρέχειν Xen. scr. min. 299$_{29}$.

β) Des Anordnens und Rüſtens:

ἀνάκειται ἐπιστολή Jos. IV. 177$_{14}$.

διασπείρεσθαι Xen. An. 186$_{29}$.

ἐκπέμπεσθαι Pol. 1385$_{22}$.

καθίστασθαι Xen. An. 173$_{18}$; Jos. IV. 227$_{31}$.

καταπλήττω Thuk. I. 132$_{10}$.

μεθιστάναι Jos. II. 17$_{19}$.

ποιεῖν ἐπίνειον Pol. 1387$_{3}$.

προπέμπω Jos. I. 18$_{16}$.

ἐρεθίζεσθαι Zos. 145$_{14}$ = Verbum des Strebens.

πρός c. Inf.

I. Mit dem Dativ.

Xenophon: mit Inf. praes. scr. min. 227$_{9}$; perf. Kyrop. 72$_{21}$.

POLYBIUS: mit Inf. praes. 60$_{26}$, 141$_{6}$, 263$_{26}$, 290$_{27}$, 409$_{21}$, 503$_{17}$; aor. 294$_{23}$.

DIODOR: mit Inf. praes. II. 447$_{20}$; IV. 362$_{10}$.

DIONYS: mit Inf. praes. IV. 246$_{24}$; aor. I. 136$_{10}$, II. 283$_{18}$.
mit Acc. c. Inf. II. 272$_{6}$.

JOSEPHUS: mit Inf. praes. I. 136$_{15}$, 252$_{22}$, II. 152$_{22}$, 186$_{15}$, 300$_{5}$, III. 195$_{23}$, V. 4$_{18}$, 194$_{21}$, VI. 170$_{21}$; aor. I. 193$_{2}$, II. 193$_{10}$, V. 280$_{7}$, VI. 49$_{26}$.
mit Acc. c. Inf. praes. I. 234$_{18}$, VI. 71$_{17}$; aor. I. 176$_{5}$; perf. V. 258$_{18}$.

PLUTARCH: mit Inf. praes. I. 306$_{4}$, 339$_{10}$, II. 307$_{16}$, 381$_{27}$, 418$_{20}$, III. 38$_{3}$, IV. 179$_{32}$; aor. V. 117$_{25}$.
mit Acc. c. Inf. praes. II. 88$_{6}$.

ARRIAN: mit Inf. aor. An. 1$_{11}$.

DIO CASSIUS: mit Inf. praes. I. 185$_{16}$, III. 37$_{2}$, 177$_{1}$, IV. 21$_{27}$; perf. II. 24$_{8}$.
mit Acc. c. Inf. praes. I. 250$_{16}$, 309$_{10}$, II. 66$_{12}$, 215$_{6}$.

ZOSIMUS: mit Acc. c. Inf. praes. 91$_{16}$; fut. 289$_{6}$.

1) Es iſt = abgeſehen davon, daß.

XENOPH. Kyrop. 72$_{21}$, scr. min. 227$_{9}$; DIOD. IV. 362$_{10}$; DION. I. 136$_{10}$, II. 272$_{6}$, 283$_{15}$, IV. 246$_{25}$; JOS. I. 193$_{2}$, 234$_{18}$, II. 186$_{15}$, 193$_{10}$, V. 4$_{18}$, 176$_{5}$, 194$_{21}$, 258$_{18}$, 280$_{2}$, VI. 19$_{26}$, 71$_{17}$, 170$_{21}$; PLUT. I. 306$_{4}$, II. 88$_{6}$, 307$_{16}$, 418$_{28}$, III. 38$_{3}$, IV. 179$_{32}$, V. 117$_{25}$; D. C. I. 185$_{16}$, 250$_{25}$, 309$_{11}$, II. 24$_{1}$, 66$_{12}$, 215$_{6}$, III. 37$_{2}$, 177$_{1}$; IV. 21$_{27}$; ZOS. 91$_{16}$, 289$_{6}$.

2) Es bezeichnet den Gegenſtand, womit man ſich beſchäftigt

nach εἶναι POL. 60$_{26}$, 141$_{6}$, 290$_{27}$; DIOD. II. 447$_{20}$; JOS. I. 136$_{15}$, 252$_{22}$, II. 300$_{5}$, III. 195$_{10}$; PLUT. I. 339$_{10}$.

nach γίνεσθαι POL. 263$_{26}$, 294$_{23}$, 409$_{21}$, 503$_{17}$; PLUT. II. 381$_{17}$; JOS. II. 152$_{22}$.

II. Mit dem Akkusativ.

THUKYDIDES: mit Inf. praes. I. 97_{30}, $_{31}$ (R.), 44_{3}, $_{4}$ (D.), 160_{31} (D.), II. 188_{28}, 254_{31} (D.); aor. II. 230_{6} (D.); perf. I. 150_{3} (R.), II. 51_{18} (D.).

XENOPHON: mit Inf. praes. An. 61_{10}, 113_{21}, $_{22}$, 239_{12}, Hell. 90_{28}, 136_{26}, 209_{30}, 212_{16}, 235_{6}, Kyrop. 36_{10}, 44_{28}, 46_{17}, $_{18}$, $_{27}$, 48_{24}, 59_{23}, 60_{10}, $_{17}$, $_{21}$, $_{22}$, 68_{22}, 82_{16}, 84_{22}, $_{23}$, 106_{21}, $_{22}$, $_{24}$, 135_{1}, 246_{5}, 262_{15}, $_{16}$, 294_{22}, scr. min. 5_{2}, 7_{4}, 26_{32}, 35_{8}, 47_{1}, 49_{10}, 73_{23}, 140_{27}, 160_{2}, 162_{22}, 226_{18}, 243_{3}, 280_{3}, $_{4}$, comm. 5_{29}, $_{32}$, 34_{14}, 50_{16}, $_{17}$, 54_{12}, 63_{13}, $_{14}$, $_{15}$, 77_{2}, $_{4}$, 85_{17}, 89_{12}, 107_{31}, 116_{26}, $_{27}$; aor. An. 113_{21}, Kyrop. 193_{20}, 226_{17}, $_{18}$, comm. 63_{12}, $_{15}$, 89_{11}.

mit Acc. c. Inf. praes. An. 67_{21}.

POLYBIUS: mit Inf. praes. 20_{7}, 31_{14}, $_{15}$, 36_{2}, 44_{6}, 74_{5}, 81_{20}, 103_{25}, 203_{22}, 253_{27}, 256_{5}, 260_{16}, 262_{8}, 276_{26}, 282_{19}, 292_{8}, 300_{13}, 306_{18}, $_{30}$, 312_{19}, 321_{29}, 421_{23}, 436_{21}, 459_{3}, 479_{7}, 565_{6}, 579_{20}, 590_{30}, 594_{24}, 603_{20}, 613_{30}, 647_{1}, $_{2}$, 678_{20}, 680_{29}, 756_{29}, 775_{12}, 793_{11}, 794_{22}, 800_{1}, 812_{20}, 832_{20}, 855_{31}, 856_{3}, 873_{6}, 903_{12}, 940_{22}, 960_{19}, 974_{6}, 971_{20}, 999_{22}, 1000_{3}, 1012_{25}, 1030_{20}, 1049_{29}, 1052_{1}, 1061_{19}, 1143_{9}, 1189_{22}, 1190_{13}, 1206_{12}, 1273_{19}, 1278_{8}, 1298_{22}, $_{23}$, 1345_{20}, 1376_{32}, 1384_{16}; aor. 12_{26}, 58_{17}, 66_{13}, 79_{7}, 85_{6}, 93_{7}, 129_{11}, 166_{7}, 186_{34}, 190_{20}, 250_{20}, $_{27}$, 262_{19}, 264_{1}, 376_{27}, 424_{6}, 455_{21}, 459_{3}, 591_{14}, 599_{26}, 613_{8}, 627_{22}, 649_{11}, 727_{7}, 729_{11}, 738_{21}, 750_{19}, 844_{7}, $_{9}$, 879_{26}, 889_{5}, 918_{12}, 924_{1}, 975_{25}, 1060_{11}, 1161_{23}, 1193_{15}, 1205_{23}, 1239_{20}, 1281_{1}, 1297_{28}; perf. 836_{1}.

mit Acc. c. Inf. praes. 234_{1}, 241_{16}, 261_{9}, 588_{28}, 589_{2}, 627_{23}, 722_{23}, 726_{6}, 1275_{16}, 1383_{3}; aor. 79_{2}, 930_{1}, 1139_{19}, 1211_{7}, 1261_{26}, 1263_{18}.

DIODOR: mit Inf. praes. I. 74_{5}, 159_{30}, 166_{11}, II. 36_{9}, 138_{3}, 180_{10}, 242_{27}, 244_{26}, 461_{17}, 529_{30}, III. 58_{5}, 89_{26}, 264_{24}, 295_{4}, 454_{29}, V. 103_{9}; aor. I. 167_{7}, 447_{17}, II. 125_{6}, 184_{4}, 194_{26}, 432_{32}, 504_{3}, 509_{23}, 529_{30}, III. 6_{29}, 341_{20}, IV. 194_{1}, 382_{24}.

mit Acc. c. Inf. praes. I. 196$_{7}$, III. 59$_{9}$, 88$_{24}$, 193$_{5}$, IV. 402$_{9}$; aor. II. 449$_{13}$, III. 21$_{8}$, 72$_{28}$.

Dionys: mit Inf. praes. II. 218$_{30}$.

Josephus: mit Inf. praes. I. 11$_{31}$, 14$_{6}$, 23$_{23}$, 99$_{19}$, 112$_{16}$, 147$_{6}$, 148$_{8}$, $_{10}$, 151$_{28}$, 154$_{14}$, $_{23}$, 155$_{10}$, 198$_{19}$, 212$_{17}$, 263$_{8}$, 270$_{32}$, II. 73$_{12}$, 154$_{24}$, 158$_{32}$, 162$_{6}$, 227$_{26}$, 279$_{10}$, III. 34$_{32}$, 89$_{11}$, 162$_{10}$, 168$_{16}$, 195$_{30}$, 210$_{8}$, 232$_{13}$, 341$_{32}$, IV. 5$_{2}$, 83$_{23}$, 149$_{11}$, VI. 51$_{10}$, 149$_{20}$, 222$_{17}$; aor. I. 266$_{7}$, II. 40$_{21}$, 44$_{23}$, III. 78$_{7}$, 202$_{5}$, 306$_{4}$, V. 172$_{11}$, 184$_{20}$.

mit Acc. c. Inf. praes. I. 154$_{10}$, II. 100$_{28}$, 191$_{20}$, $_{21}$, 248$_{10}$, 332$_{18}$, III. 308$_{8}$, IV. 11$_{13}$, 14$_{5}$, VI. 195$_{7}$; aor. I. 258$_{4}$, II. 15$_{16}$, 54$_{15}$, 149$_{26}$, III. 230$_{17}$, IV. 81$_{28}$, V. 276$_{14}$, 353$_{31}$.

Plutarch: mit Inf. praes. I. 98$_{24}$, $_{26}$, 101$_{28}$, 131$_{25}$, 152$_{24}$, 319$_{3}$, 370$_{11}$, 375$_{11}$, 386$_{9}$, 408$_{9}$, 411$_{15}$, 444$_{24}$, II. 105$_{19}$, 107$_{24}$, 239$_{31}$, 265$_{28}$, 342$_{21}$, 357$_{30}$, 457$_{25}$, III. 83$_{10}$, 255$_{30}$, IV. 20$_{23}$, 44$_{1}$, 54$_{19}$, $_{20}$, 59$_{13}$, 83$_{15}$, 94$_{20}$, 105$_{1}$, 134$_{5}$, 213$_{22}$, $_{31}$, 242$_{30}$, 367$_{25}$, 404$_{8}$, V. 97$_{7}$, 166$_{27}$; aor. I. 299$_{18}$, II. 248$_{11}$, 440$_{9}$, III. 300$_{26}$, IV. 221$_{12}$, 380$_{2}$.

mit Acc. c. Inf. aor. I. 419$_{1}$, IV. 13$_{23}$.

Arrian: mit Inf. praes. scr. min. 108$_{1}$, 116$_{26}$; aor. An. 61$_{12}$ scr. min. 92$_{6}$.

Dio Cassius: mit Inf. praes. I. 10$_{27}$, 119$_{14}$, $_{25}$, II. 123$_{5}$, III. 39$_{25}$, 228$_{12}$, IV. 333$_{18}$; aor. I. 44$_{29}$, 266$_{26}$, 304$_{10}$, 354$_{25}$, II. 50$_{27}$, 100$_{7}$, 182$_{29}$, 197$_{11}$, III. 49$_{28}$, $_{29}$, 57$_{11}$, 155$_{8}$, 204$_{31}$, IV. 23$_{12}$.

mit Acc. c. Inf. praes. II. 225$_{14}$, 302$_{5}$.

Herodian: mit Inf. praes. 124$_{9}$, 132$_{7}$, $_{18}$, 152$_{1}$, 156$_{13}$, 157$_{27}$, 167$_{1}$, 187$_{25}$; aor. 41$_{24}$, 124$_{4}$, 138$_{29}$.

mit Acc. c. Inf. praes. 140$_{9}$.

Zosimus: mit Inf. praes. 15$_{20}$, 73$_{27}$, 86$_{17}$, 172$_{7}$, 178$_{13}$, 189$_{25}$, 235$_{16}$, 239$_{21}$, 268$_{14}$; aor. 141$_{27}$.

Es bedeutet:

I. «im Vergleich mit» Thuk. II. 230_{6}; Xen. An. 239_{3}; D. C. I. 44_{29}, 266_{26}, II. 123_{5}.

II. «in Bezug auf» nach

ἀκρασία Plut. I. 101_{28}.
ἀρετῆς Plut. V. 97_{7}.
ἀριθμός D. C. I. 119_{25}.
δικτάτωρ D. C. II. 100_{7}.
ἰδιώτης D. C. II. 100_{7}.
μαλακία Jos. I. 212_{17}, III. 89_{11}.
ὅρος D. C. I. 119_{24}.
ῥαθυμία Jos. III. 89_{11}.

ἀναίσχυντος Xen. Kyrop. 68_{12}.
ἀνήττητος Plut. I. 408_{9}.
ἀπαθής Plut. I. 386_{0}.
ἄσχολος Plut. IV. 134_{25}.
ἄτολμος Plut. IV. 44_{1}, 83_{25}.
ἄτρεπτος Plut. I. 386_{9}.
βαρύς Plut. II. 365_{28}.
δύςεργος Plut. II. 256_{28}.
εὔνους Xen. comm. 54_{12}.
εὐσύμβολος Xen. comm. 54_{18}.
κοῦφος Jos. I. 198_{19}.
μεγαλόψυχος Jos. IV. 5_{2}.
νέος Plut. IV. 59_{13}.
ὀκνηρός Jos. I. 14_{6}.
σφοδρός Xen. Kyrop. 68_{12}.
φιλόνεικος Xen. comm. 54_{12}.

ἀηδῶς ἔχειν Jos. I. 265_{8}.
ἀθύμως ἔχειν Xen. Hell. 212_{16}; Diod. III. 264_{24}.
δυσκόλως ἔχειν Plut. II. 239_{31}.
ἐκθύμως ἔχειν Pol. 256_{5}, 426_{9}.
ἐκμελῶς ἔχειν Zos. 172_{7}.
εὖ ἔχειν Xen. Kyrop. $106_{21, 22}$.
μετρίως ἔχειν Xen. scr. min. 47_{1}.
πῶ ἔχειν Jos. II. 40_{21}.
σφοδρῶς ἔχειν Xen. scr. min. 5_{2}.
φιλοτίμως ἔχειν Xen. Kyrop. 44_{16}; Pol. 262_{19}, 889_{5}, 1049_{29}.
χαλεπῶς ἔχειν Plut. II. 239_{31}.

ἀποκνεῖν Zos. 73_{27}, 268_{14}.
ἐξαυθαδιάζομαι Jos. III. 341_{32}.
προχωρεῖν Jos. V. 14_{5}.
σεμνύνεσθαι Herod. 140_{9}.
φιλονεικεῖν Pol. 1161_{23}; Jos. VI. 149_{30}.

III. Es antwortet auf die Frage: Wohin? nach

ἄγεσθαι Plut. IV. 94_{20}.
ἀποδοῦναι Plut. IV. 213_{21}.
ἐκφέρεσθαι Xen. Kyrop. 46_{27}.
ἐπαίρεσθαι Plut. IV. 20_{29}.
ἐπιφέρεσθαι Jos. I. 270_{32}.
ἔχειν γνώμην Thuk. II. 51_{18}.

ἔχειν διάνοιαν Jos. II. 328$_{10}$.
παρίστασθαί τινα Pol. 1189$_{22}$.
προελθεῖν Pol. 1273$_{19}$.
προςέρχεσθαι Pol. 855$_{31}$.
ῥέπειν Pol. 1206$_{12}$.
ῥοπὴν ἔχειν Pol. 1278$_{8}$, 1379$_{18}$.
ῥοπὴν ποιεῖν Pol. 1000$_{3}$; Plut. II. 255$_{31}$, IV. 13$_{23}$.
ῥοπὴν ὑπάρχειν Plut. IV. 242$_{30}$.
σκοπεῖν Xen. Kyrop. 36$_{11}$.
τρέπεσθαι Thuk. I. 44$_{3}$; Xen. comm. 50$_{16}$; Jos. II. 73$_{12}$; Plut. II. 457$_{23}$, IV. 105$_{1}$, 367$_{31}$; Zos. 15$_{29}$, 86$_{17}$.
τροπὴν λαβεῖν Jos. I. 23$_{23}$.
ὑποβλέπειν Jos. I. 11$_{31}$.
φέρειν Xen. comm. 126$_{30}$, scr. min. 73$_{28}$.

IV. Es antwortet auf die Frage: Wozu?

1) Nach den Ausdrücken der Eigenſchaft:

a) Substantiva:

ἀσφάλεια Jos. I. 155$_{10}$; D. C. II. 182$_{22}$.
ἐπιθυμία Pol. 253$_{27}$; D. C. I. 10$_{27}$.
εὐφυΐα Jos. I. 99$_{19}$.
κανών Xen. scr. min. 162$_{22}$.
ὁρμή Pol. 1298$_{23}$; Plut. I. 299$_{18}$.
πεῖρα Jos. I. 266$_{7}$.
πλεονέκτημα Diod. II. 218$_{30}$.
ῥώμη Xen. scr. min. 140$_{27}$, Hell. 90$_{28}$; Plut. I. 152$_{21}$.
σκῆψις D. C. I. 354$_{25}$.
σταθμή Xen. scr. min. 162$_{22}$.
τόλμη Plut. IV. 213$_{32}$.
φιλοτιμία D. C. I. 10$_{27}$.

b) Adiectiva:

ἀγαθός Xen. Kyrop. 60$_{19, 20, 23}$, 84$_{22, 23}$.
ἀναγκαῖος Plut. I. 131$_{28}$.
ἀξιόχρεως Pol. 321$_{29}$; Herod. 132$_{17}$.
ἀπαράσκευος Pol. 262$_{8}$.
ἀσθενής Jos. II. 15$_{16}$; D. C. I. 310$_{14}$.
ἀσφαλής Thuk. I. 97$_{30}$; Jos. III. 308$_{8}$; Arr. scr. min. 116$_{26}$; D. C. II. 50$_{27}$.
ἄσχετος Jos. IV. 11$_{13}$.
αὐταρκής Pol. 590$_{30}$.
αὐτοτελής Pol. 1384$_{16}$.
ἀφυής Xen. Kyrop. 46$_{18}$.
ἐμποδών Jos. I. 148$_{10}$, IV. 81$_{18}$; Plut. I. 419$_{1}$.
ἐπαγωγός Xen. scr. min. 49$_{10}$.
ἐπιτήδειος Xen. comm. 34$_{14}$; Pol. 1193$_{15}$, 1281$_{1}$; Diod. I. 166$_{11}$; Herod. 152$_{1}$, 159$_{27}$.

ἕτοιμος POL. 436₂₁, 974₆; DIOD. II. 138₃.
εὔκαιρος JOS. II. 189₂₆.
εὔπορος XEN. scr. min. 35₈.
εὐτρεπής ZOS. 141₂₇.
εὐφυής XEN. scr. min. 243₈, Kyrop. 46₁₇.
εὔψυχος THUK. I. 97₃₀.
ἱκανός THUK. I. 160₃₀; POL. 678₂₀, 836₂₁, 1143₉, 1298₇.
ἰσχυρός PLUT. IV. 54₁₉, ₂₀.
κακός XEN. scr. min. 26₃₂.

καλός POL. 680₁₉, 1061₁₉; DIOD. III. 89₂₆.
ὀλίγος DIOD. II. 194₂₆.
ποῖος PLUT. I. 98₂₄.
πρόθυμος POL. 203₂₂, 728₂₀, 1292₈; DIOD. II. 461₁₇.
σύμμετρος ARR. scr. min. 108₁.
χρήσιμος THUK. II. 254₃₂; XEN. scr. min. 226₁₇, ₁₈; PLUT. IV. 404₈.
χρηστός JOS. IV. 5₂.
ὠφέλιμος XEN.comm.63₁₂,₁₃,₁₄,₁₅.

c) Adverbia:
ἀφυῶς ἔχειν POL. 103₂₅.
ἐκθύμως ἔχειν POL. 256₅, 424₆.
ἐπικαιρότατον κεῖσθαι DD. IV. 38₂₁.
ἑτοίμως διακεῖσθαι POL. 565₆, 1376₂₂.
ἑτοίμως ἔχειν JOS. II. 227₂₆.

εὖ ἔχειν XEN. Kyrop. 106₂₁, ₂₂.
εὖ πεφυκώς POL. 727₇, 971₁₀; PLUT. III. 83₁₀.
εὐφυῶς ἔχειν POL. 12₂₆, 975₂₅.
προθύμως ἔχειν POL. 756₂₉; D. C. IV. 333₁₈.

d) Verba:
ἀκμάζω JOS. II. 158₃₂.
ἀναρρωνύναι PLUT. II. 342₂₁.
ἀρκεῖν XEN. An. 67₂₁; PLUT. II. 248₁₁; D. C. III. 39₂₅.
ἰσχύειν POL. 312₁₉.

δύνασθαι D. C. II. 302₅.
ἐξαρκεῖν XEN. scr. min. 107₃₁; D. C. III. 49₂₉.
ἐπιρρώνυσθαι POL. 879₂₆.

2) Es bezeichnet den Zweck nach den Ausdrücken:

a) des Nützens, Schadens und Helfens:

καταχαρίσασθαι JOS. II. 332₁₈.
ὀνῆσαι PLUT. II. 357₃₀.
ποιεῖν προὖργον XEN. Hell. 235₆.

προςχαρίσασθαι JOS. VI. 195₇.
συμφέρω XEN. comm. 77₂; DIOD. III. 59₉.
σύμφορος XEN. Kyrop. 105₁.

φέρω Xen. comm. 77$_{4}$, scr. min. 116$_{26}$, $_{27}$.
χαρίσασθαι Jos. III. 168$_{16}$.
χρεῖα Pol. 1205$_{23}$.
ὠφελεῖσθαι Xen. Kyrop. 59$_{23}$, 60$_{10}$, scr. min. 280$_{3}$; Jos. III. 306$_{4}$; Plut. I. 444$_{14}$.

ἀπολλύναι Pol. 1263$_{18}$.
ἀχαριστεῖν Jos. III. 232$_{18}$.
θραύειν Pol. 930$_{1}$.

συμβάλλεσθαι Xen. Kyrop. 82$_{16}$, scr. min. 280$_{4}$; Pol. 186$_{24}$, 591$_{14}$, 1261$_{29}$; Diod. I. 196$_{2}$.
συμπράττειν Pol. 1297$_{28}$; Jos. V. 172$_{11}$.
συνεργάζεσθαι Xen. Kyrop. 246$_{5}$.
συνεργεῖν Pol. 129$_{11}$, 794$_{22}$, 1239$_{20}$; Diod. I. 74$_{5}$; Jos. V. 319$_{3}$.
συνέργημα Pol. 918$_{11}$.
συνεργία Jos. II. 44$_{23}$.
συντείνειν Pol. 940$_{22}$.

b) des Bereitens und Rüstens:

ἀντιπαρεκτείνειν Jos. V. 253$_{30}$.
ἀντιπράττεσθαι Thuk. I. 150$_{3}$.
ἀποχυροῦν Plut. IV. 221$_{12}$.
ἀσφαλίζεσθαι Pol. 627$_{22}$, 233$_{32}$.
γυμνάζεσθαι Herod. 167$_{1}$; Zos. 178$_{13}$.
διακονεῖν Jos. IV. 148$_{8}$.
διαλλάττω Jos. VI. 222$_{17}$.
διατείνεσθαι Xen. comm. 88$_{17}$.
διατιθέναι Pol. 421$_{23}$.
διορθοῦσθαι Pol. 1345$_{20}$.
ἐγκαταμιγνύναι Herod. 187$_{25}$.
εἰςφέρεσθαι Pol. 1211$_{3}$.
ἐνεργεῖν Pol. 241$_{24}$.
ἐξαρτύνειν Arr. scr. min. 92$_{6}$.
ἐξευρεῖν Jos. IV. 83$_{29}$.
ἐπαναιρεῖσθαι Diod. III. 21$_{3}$.
ἐπαρτᾶν ἀγῶνα Herod. 41$_{24}$.
εὐθετεῖν Diod. III. 295$_{4}$.
ἐφεδρεύειν Pol. 729$_{11}$.
κατασκευάζω Pol. 737$_{23}$.
καταστρωννύναι Jos. II. 191$_{21}$.
μηχανᾶσθαι Xen. Kyrop. 294$_{22}$; Diod. II. 432$_{22}$, 504$_{3}$, III. 72$_{28}$.
νομοθετεῖν Pol. 588$_{28}$.
ὁπλίζεσθαι Xen. An. 113$_{21,22}$.
παιδεύεσθαι Xen. comm. 5$_{29}$; Plut. II. 105$_{19}$.
παρασκευάζω Xen. Kyrop. 106$_{14}$, 262$_{14}$, $_{15}$; Pol. 58$_{17}$, 85$_{6}$, 306$_{13}$, $_{30}$, 1275$_{16}$; Jos. V. 276$_{14}$; Dion. II. 286$_{16}$.
παρατάττω Plut. II. 400$_{9}$.
περαίνω Xen. Hell. 136$_{21}$.

ποιεῖν XEN. Hell. 235₆, comm.
50₁₇; POL. 903₁₂, 1139₃;
DIOD. II. 529₃₀.
ὑποστρωνύναι HEROD. 138₂₀.

προτιθέναι DIOD. III. 341₂₀.
συλλέγεσθαι ἰσχύν Jos. IV. 184₂₀.
συστήσασθαι DIOD. III. 88₂₄.

c) Des Darreichens und Gewährens:

διδόναι POL. 649₁₁. 999₂₂,
ἐκδιδόναι Zos. 235₁₆.
ἐνδιδόναι Jos. III. 78₇.
ἐπιλείπειν Jos. I. 251₂₈.
καταλείπειν POL. 74₅.

παρέχειν Jos. I. 285₁₈.
παραλείπειν POL. 775₁₂.
χωρηγεῖν DIOD. II. 242₂₇, III. 454₂₇.

d) Des Veranlassens und Strebens:

ἀνακαλεῖν PLUT. II. 372₂₁.
ἀνερεθίζεσθαι Jos. IV. 149₁₁.
ἀποστέλλω DIOD. III. 58₅.
ἀφιέναι POL. 627₂₃.
ἐκκαλεῖσθαι POL. 579₂₀, 1055₁₀.
ἐπινοεῖσθαι POL. 812₂₀; Jos. I. 154₁₀.
καλεῖσθαι Jos. III. 232₅.
ὁρμᾶν POL. 81₂₀, 20₇, 292₅, 856₃; Jos. III. 162₃₀; PLUT. I. 370₁₁; Zos. 239₂₁.

παρακαλεῖν Jos. VI. 51₁₀.
παροξύνω XEN. Hell. 209₃₁; POL. 459₁, 1135₂.
παρορμᾶν POL. 300₁₃, 594₂₄; PLUT. I. 411₁₅.
πείθεσθαι Jos. III. 195₃₂.
σπουδάζω POL. 93₇.
συναναγκάζω DIOD. II. 188₁₉.
συναποστέλλω DIOD. II. 125₁₁.
συντείνω POL. 940₂₂.

e) Des Gebrauchens und Bedürfens:

ἐπιτηδεύεσθαι XEN. Kyrop. 48₂₄.
δεῖν τινος D. C. II. 225₁₄, III. 49₂₈.

καταχρῆσθαι DIOD. I. 447₁₇.
χρῆσθαι Jos. I. 112₁₆; PLUT. II. 107₂₄.

f) Der Bewegung:

ἐπεξιέναι Jos. III. 341₃₂.
ἐπιφέρεσθαι Jos. I. 270₃.
συνδραμεῖν POL. 190₁₀.

παραπλεῖν DIOD. III. 193₅.
πλεῖν DIOD. II. 449₁₃.

g) allgemeiner Art:

διαλέγεσθαι Plut. I. 411_{15}.
ἐμποδίζειν Herod. 124_{4}, $_{19}$.
ἐπιδέχεσθαι Diod. I. 159_{30}.
ἔχειν τι Xen. An. 61_{16}; Diod. II. 36_{9}, 184_{1}; Jos. I. 254_{14}, III. 34_{32}; Herod. 156_{13}.
θορυβεῖν Diod. II. 528_{26}.
καίειν πυρά Diod. II. 528_{26}.
κηδεύειν Jos. II. 154_{14}.
λαμβάνειν Pol. 1012_{25}.
μένειν Jos. II. 54_{15}.
μετεωρίζεσθαι Diod. V. 103_{9}.
παρασημαίνειν Diod. IV. 402_{9}.
προςλαβεῖν Diod. II. 509_{20}.
σοφίζεσθαι Pol. 599_{26}.
συνέχειν Jos. I. 147_{6}.

V. Es ſteht zur Bezeichnung der Beſchäftigung bei

γίνεσθαι Pol. 36_{2}, 44_{6}, 66_{13}, 276_{26}, 479_{7}, 603_{28}; Plut. IV. 380_{2}.
εἶναι Pol. 31_{14}, $_{15}$, 873_{5}.

VI. Rein final ſind:

Xen. scr. min. 160_{2}; Pol. 627_{23}, 800_{1}, 924_{1}; Arr. scr. min. 92_{6}; D. C. II. 182_{27}, III. 204_{30}, 228_{18}, IV. 23_{12}; Zos. 189_{15}.

6) Präpoſitionsadverbien in Verbindung mit dem Infinitiv.

I. Mit dem Genetiv des Infinitivs.

ἄνευ τοῦ c. Inf.

Xenophon: mit Inf. praes. Hell. 21_{31}, Kyrop. 39_{13}, $_{14}$, $_{15}$, 96_{6}, 189_{28}, comm. 119_{16}, scr. min. 41_{27}, 221_{8}, 276_{2}.
mit Acc. c. Inf. praes. Kyrop. 274_{14}.

Polybius: mit Inf. aor. 1101_{10}.

Diodor: mit Inf. aor. IV. 31_{9}.

Dionys: mit Inf. aor. II. 278_{14}.

Josephus: mit Acc. c. Inf. aor. II. 91_{8}.

Plutarch: mit Inf. praes. IV. 44_{13}.

Herodian: mit Inf. praes. 46_{21}; aor. 42_{18}.

ἀπωτάτω τοῦ c. Inf.

Plutarch: mit Inf. praes. II. 309_{11}.

ἄχρι τοῦ c. Inf.

Xenophon: mit Inf. praes. scr. min. 90_{4}.

Plutarch: mit Inf. praes. II. 121_{31}; aor. IV. 332_{20}, V. 155_{25}.
mit Acc. c. Inf. aor. I. 368_{12}, II. 325_{22}, III. 431_{16}.

δίχα τοῦ c. Inf.

Josephus: mit Acc. c. Inf. aor. VI. 79_{22}.

ἐγγύς τοῦ c. Inf.

Thukydides: mit Inf. aor. I. 187_{31} (ἐγγυτάτω) Rede.

Xenophon: mit Inf. aor. scr. min. 298_{23} (ἐγγύς).

Josephus: mit Inf. praes. II. 53_{25} (ἔγγιστα).

Plutarch: mit Inf. aor. I. 456_{20} (ἐγγύς), II. 454_{30} (ἐγγύς), IV. 294_{28} (ἔγγιστα), V. 95_{27} (ἐγγυτάτω), V. 206_{26} (ἐγγυτάτω).

Arrian: mit Inf. praes. An. 91_{21}, 116_{19} (ἐγγύς).

ἔμπροσθεν τοῦ c. Inf.

Zosimus: mit Inf. praes. 68_{11}.

ἕνεκα (ἕνεκεν, εἵνεκα) c. Inf.

Thukydides: mit Inf. praes. I. 28_{13} (D.).

Xenophon: mit Inf. praes. Hell. 45_{18}, An. 94_{15}, Kyrop. 4_{9}, 8_{2}, 43_{7}, 299_{10}, scr. min. $96_{14, 21, 29}$, $159_{18, 19}$, 177_{7}, $183_{23, 24}$, 256_{2} (bis); comm. 72_{16}, 110_{7}; aor. Kyrop. 10_{11}, 64_{24}, 127_{25}, scr. min. 107_{1}, 112_{27}, comm. 72_{18}; perf. scr. min. 260_{13}.
mit Acc. c. Inf. praes. Kyrop. 162_{7}, 334_{24}, scr. min. 248_{9}, comm. 85_{4}.

Polybius: mit Inf. praes. 843_{27}, 983_{29}; aor. 189_{16}, 578_{19}, 903_{2}, 1210_{6}, 1256_{9}.

Diodor: mit Inf. praes. I. 391_{17}, II. 169_{19}, 460_{12}, IV. 186_{26}; aor. I. 266_{27}, 179_{2}, III. 68_{16}, V. 155_{11}.
mit Acc. c. Inf. aor. III. 398_{26}, IV. 7_{14}.

Dionys: mit Inf. aor. II. 243_{30}, III. 117_{7}.

JOSEPHUS: mit Inf. aor. II. 84_{13}, III. 49_{16}.
mit Acc. c. Inf. aor. I. 12_{30}, perf. V. 341_{15}.
PLUTARCH: mit Inf. aor. II. 471_{21}.
ARRIAN: mit Acc. c. Inf. praes. scr. min. 53_{22}.
DIO CASSIUS: mit Inf. praes. III. 247_{23}.
HERODIAN: mit Acc. c. Inf. praes. 73_{1}.
ZOSIMUS: mit Inf. aor. 272_{23}.

ἔξω τοῦ c. Inf.

THUKYDIDES: mit Inf. aor. II. 60_{16} (R.).
POLYBIUS: mit Inf. praes. 1213_{13} nach γίνεσθαι.
DIONYS: mit Inf. praes. II. 93_{13}, 147_{4}, III. 23_{7} nach γίνεσθαι.
JOSEPHUS: mit Inf. praes. V. 153_{30} nach τίθεσθαι.
ARRIAN: mit Inf. praes. An. 291_{13} nach εἶναι.
DIO CASSIUS: mit Inf. praes. III. 310_{10}, IV. 64_{5}; aor. II. 209_{3}.

ἐπίπροσθεν τοῦ c. Inf.

ARRIAN: mit Inf. praes. scr. min. 130_{18}.

ἕως τοῦ c. Inf.

POLYBIUS: mit Inf. aor. 82_{22}, 211_{18}, 428_{24}, 533_{18}, 702_{19}.
JOSEPHUS: mit Inf. praes. III. 343_{9}.

μεταξὺ τοῦ c. Inf.

XENOPHON: mit Acc. c. Inf. praes. scr. min. 97_{31}.

μέχρι τοῦ c. Inf.

THUKYDIDES: mit Inf. aor. II. 51_{24} (D.).
mit Acc. c. Inf. aor. I. 124_{4} (D.).
XENOPHON: mit Inf. praes. scr. min. 90_{5}, 123_{14}, comm. 138_{13}; aor. scr. min. 123_{13}, comm. 183_{21}.
mit Acc. c. Inf. aor. Hell. 50_{11}.
POLYBIUS: mit Inf. aor. 287_{19}, 1327_{17}.
DIODOR: mit Inf. praes. IV. 367_{22}; aor. II. 419_{10}.
mit Acc. c. Inf. perf. II. 420_{22}.

DIONYSIUS: mit Acc. c. Inf. aor. II. 29_{26}, III. 176_{23}, 262_{9}.

JOSEPHUS: mit Inf. praes. I. 293_{23}, III. 27_{3}, V. 72_{31}; aor. II. 145_{13}.

mit Acc. c. Inf. praes. und aor. III. 261_{3}.

Es ſteht nach:

ἀφικέσθαι XEN. scr. min. 90_{4}. προάγεσθαι Jos. II. 145_{13}, III. 27_{3}.

πλὴν τοῦ c. Inf.

POLYBIUS: mit Inf. praes. 1019_{4}; aor. 172_{11}, 629_{9}.

mit Acc. c. Inf. aor. 169_{28}; perf. 1308_{30}.

JOSEPHUS: mit Inf. aor. VI. 285_{6}.

DIO CASSIUS: mit Inf. aor. I. 319_{7}; perf. III. 82_{5}.

πόρρω τοῦ c. Inf.

JOSEPHUS: mit Inf. praes. III. 200_{12}.

PLUTARCH: mit Inf. praes. II. 37_{30} (πορρωτάτω) IV. 371_{5}.

ARRIAN: mit Inf. praes. An. 40_{23}.

DIO CASSIUS: mit Inf. praes. II. 150_{9}.

χάριν τοῦ c. Inf.

POLYBIUS: mit Inf. praes. 14_{4}, 24_{15}, 221_{18}, 229_{25}, 303_{10}, 330_{12}, 649_{2}, 650_{21}, 685_{13}, 761_{26}, 862_{15}, 937_{18}, 997_{7}, 1027_{31}, 1089_{9}, 1141_{11}, 1158_{7}, 1265_{8}; aor. 35_{23}, 60_{9}, 119_{1}, 173_{14}, 189_{17}, 239_{20}, 255_{18}, 322_{25}, 499_{11}, 584_{6}, 590_{8}, 593_{10}, 594_{26}, 724_{27}, 766_{7}, 825_{17}, 872_{8}, 873_{26}, 890_{5}, 902_{29}, 928_{14}, 954_{2}, 977_{22}, 1033_{21}, $1081_{15, 25}$, 1108_{1}, 1140_{19}, 1165_{2}, 1193_{8}, 1195_{26}, 1251_{2}.

mit Acc. c. Inf. praes. 225_{15}, 329_{7}, $345_{5, 8}$, 651_{4}, 691_{16}, 707_{28}, 799_{17}, 874_{20}, 970_{11}, 995_{29}, 1139_{9}, 1215_{3}, 1345_{19}; aor. 513_{19}, 697_{11}, 790_{17}, 825_{17}, 903_{9}, 1157_{8}, 1348_{12}, 1349_{23}.

DIODOR: mit Inf. praes. V. 24_{3}, III. 16_{3}; aor. III. 85_{15}, IV. 149_{25}.

mit Acc. c. Inf. aor. III. 537_{19}, IV. 164_{27}.

Dionys: mit Inf. aor. I. 287_{32}.
mit Acc. c. Inf. aor. I. 181_{23}.

χωρὶς τοῦ c. Inf.

Polybius: mit Inf. praes. 587_{2}; aor. 161_{15}, 611_{3}.
mit Acc. c. Inf. praes. 218_{17}.
Diodor: mit Inf. praes. I. 176_{32}, IV. 388_{2}.

II. Mit dem Dativ des Infinitivs.

ἅμα τῷ c. Inf.

Xenophon: mit Inf. praes. Hell. 160_{13}.
Polybius: mit Inf. praes. 28_{7}, 133_{9}, 256_{16}, 301_{12}, 965_{33}; aor. 8_{16}, 73_{12}, 111_{11}, 118_{21}, 168_{6}, 192_{14}, 198_{11}, 203_{27}, 204_{30}, 230_{32}, 244_{13}, 256_{13}, 277_{10}, 288_{1}, 289_{22}, 311_{15}, $332_{22, 27}$, 339_{12}, 439_{26}, 476_{2}, 652_{23}, 654_{15}, 660_{23}, 747_{19}, 783_{8}, 801_{11}, 834_{4}, 878_{11}, 924_{6}, 930_{25}, 995_{21}, 1021_{20}, 1046_{8}, 1155_{11}.
mit Acc. c. Inf. praes. 89_{10}, 115_{28}, 137_{31}, 160_{15}, 175_{29}, 272_{8}, 277_{22}, $335_{12, 16}$, 406_{9}, 637_{10}, 658_{9}, 726_{2}, 784_{4}, 790_{4}, 878_{11}, 888_{16}; aor. 25_{22}, 41_{19}, 49_{12}, 78_{22}, 162_{18}, 257_{21}, 289_{6}, 313_{8}, 335_{10}, 361_{8}, 390_{26}, 396_{7}, 432_{17}, 433_{15}, 617_{3}, 652_{14}, 655_{23}, 691_{25}, 702_{2}, 724_{13}, 726_{19}, 746_{17}, 751_{11}, 773_{25}, $787_{3, 26}$, 878_{9}, 880_{23}, 881_{3}, 890_{2}, 899_{8}, 915_{4}, 920_{15}, 921_{19}, 925_{13}, 965_{28}, 990_{25}, 1033_{32}, 1038_{17}, 1223_{7}, 1271_{24}.
Diodor: mit Inf. praes. I. 256_{28}, 272_{9}; aor. I. 265_{6}, 271_{13}, II. 485_{24}, III. 419_{21}.
mit Acc. c. Inf. aor. V. 14_{7}.
Dionys: mit Inf. aor. I. 218_{27}, 296_{13}, 302_{2}, 307_{26}, II. 20_{9}, 88_{3}, 101_{20}, 103_{5}, 158_{27}, 206_{24}, III. 123_{22}, 147_{18}, 178_{8}, IV. 49_{14}, 220_{20}, 231_{12}.
mit Acc. c. Inf. praes. I. 274_{12}; aor. I. 9_{13}, 177_{3}, 188_{19}, 252_{21}, 274_{12}, II. 76_{6}, 154_{29}, 324_{2}, III. 119_{1}, IV. 180_{24}.
Josephus: mit Inf. aor. VI. 286_{9}.
mit Acc. c. Inf. aor. IV. 148_{15}.

PLUTARCH: mit Inf. praes. I. 160$_{25}$, IV. 76$_{32}$; aor. I. 217$_{4}$, II. 338$_{28}$, 494$_{7}$, 506$_{25}$, III. 28$_{5}$, 44$_{12}$, 50$_{11}$, 74$_{31}$, 190$_{17}$, 321$_{1}$, 389$_{30}$, IV. 70$_{10}$, 126$_{24}$, 236$_{7}$, 259$_{30}$, 334$_{22}$, 348$_{31}$, V. 71$_{11}$, 162$_{28}$, 164$_{26}$, 207$_{22}$.

mit Acc. c. Inf. praes. II. 106$_{23}$, 326$_{30}$; aor. I. 154$_{10}$, 205$_{5}$, II. 93$_{29}$, 379$_{2}$, 387$_{3}$, 537$_{28}$, III. 108$_{3}$, 190$_{32}$, 358$_{24}$, IV. 129$_{1}$, 342$_{20}$, V. 159$_{19}$.

DIO CASSIUS: mit Inf. aor. II. 87$_{15}$, 359$_{13}$, III. 90$_{23}$.

mit Acc. c. Inf. aor. III. 16$_{24}$.

ZOSIMUS: mit Inf. aor. 10$_{12}$, 11$_{20}$, 14$_{20}$, 33$_{13}$, 36$_{20}$, 56$_{19}$, 66$_{18}$, 110$_{4}$, 114$_{4}$, 126$_{7}$, 165$_{23}$, 209$_{15}$, 212$_{17}$.

mit Acc. c. Inf. aor. 83$_{15}$, 192$_{18}$, 254$_{14}$.

HERODIAN: mit Inf. praes. 126$_{27}$, 195$_{21}$; aor. 9$_{9}$, 40$_{23}$, 65$_{14}$, 71$_{6}$, $_{9}$, 107$_{2}$, 164$_{7}$, 170$_{21}$, 180$_{18}$; perf. 107$_{2}$.

Im Hauptſatze ſtehen adverbia:

αὖθις PLUT. III. 90$_{23}$.

ἐνταῦθα POL. 244$_{18}$.

εὐθέως POL. 118$_{21}$, 192$_{19}$, 339$_{12}$, 361$_{8}$, 432$_{17}$, 637$_{10}$, 691$_{25}$, 702$_{4}$, 749$_{20}$, 787$_{3}$, 791$_{13}$, 880$_{13}$, 990$_{16}$; HEROD. 164$_{7}$.

εὐθύς HEROD. 107$_{12}$.

παραυτίκα POL. 168$_{6}$, 203$_{23}$.

παραχρῆμα POL. 115$_{28}$, 995$_{21}$; ZOS. 192$_{18}$.

ταχέως POL. 890$_{2}$, 915$_{4}$, 920$_{15}$.

τότε POL. 787$_{26}$.

Vor ἅμα ſtehen die adverbia:

εὐθύς DION. I. 274$_{12}$, 302$_{2}$, 307$_{26}$, II. 103$_{5}$, 154$_{19}$, 206$_{24}$, III. 178$_{3}$, IV, 49$_{19}$; JOS. IV. 148$_{15}$.

παραχρῆμα D. C. III. 90$_{23}$.

Es kommen folgende Wendungen vor: ἅμα τῷ:

ἀναβῆναι POL. 899$_{8}$.

ἀναδειχθῆναι HEROD. 71$_{6}$.

ἀναμνῆσαι POL. 335$_{1}$.

ἀνασχεῖν DION. I. 252$_{21}$.

ἀπελθεῖν PLUT. II. 335$_{11}$.

ἀποθανεῖν DION. I. 177$_{3}$.

ἅπτεσθαι POL. 990$_{25}$.

ἀφικέσθαι POL. 361$_{8}$.

γίνεσθαι ατυχίαν Diod. V. 14 7.
γίνεσθαι έφοδον Pol. 880 23.
γίνεσθαι ημέρας Dion. II. 88 22.
γίνεσθαι προτέργημα Pol. 257 31.
γίνεσθαι σκότος Pol. 652 24.
γίνεσθαι σπονδάς Dion. II. 154 19.
γίνεσθαι σύνεργον Pol. 396 7.
γίνεσθαι συνθήκας Pol. 890 2;
D. C. III. 90 23.
γίνεσθαι ταύτα Zos. 83 15.
γίνεσθαι υποχείριος Pol. 691 25.
γίνεσθαι φανερός Pol. 1155 10.
γνώναι Pol. 783 8; Zos. 33 23, 114 4, 165 20.
διαβήναι Pol. 390 26.
διαλύσασθαι Dion. III. 178 8; Pol. 111 11; Zos. 254 14.
διαπεράν Pol. 790 4.
διασαφείν Pol. 160 15.
διασημήναι Pol. 724 14.
διασπαρήναι Plut. II. 537 28.
διαστήναι τήν βουλήν Dion. I. 188 18.
διαυγίζειν Pol. 301 12.
διελθείν ημέρας Pol. 1033 22, 1271 24.
είακοντίζειν Pol. 137 31.
είναι σκότον Pol. 784 4.
έκβήναι Plut. I. 154 10.
έκπεσείν Pol. 834 4.
έλθείν εις όψιν Pol. 476 2.
εμβαίνειν Herod. 71 9, 180 18.
ενίστασθαι Pol. 175 29.

επάγειν Pol. 89 20, 790 4.
επαναστήναι Pol. 162 23.
επιβάλλειν ήλιον Pol. 406 9.
επιδείξαι Pol. 160 15, 660 23.
επιφανήναι Herod. 40 23.
θαυμάζεσθαι Herod. 126 27.
θεάσασθαι Dion. I. 296 13, II. 195 3; Zos. 36 20.
ιδείν Pol. 332 23, 654 5.
καθίστασθαι Dion. I. 274 12.
καταλύειν πόλεμον Dion. I. 9 13, IV. 180 24.
κατανοήσαι Diod. III. 419 21.
καταπλεύσαι Diod. II. 485 27.
κατασχείν Pol. 168 2.
κλίναι Pol. 289 6, 881 3.
κρατηθήναι Dion. 324 2.
κριθήναι Pol. 1223 7.
κρυφθήναι Pol. 617 3.
λαμβάνειν Pol. 8 16, 920 26.
μαθείν Zos. 126 7.
μεταβάλλειν Pol. 172 9.
μεταλαβείν Pol. 921 20.
μεταλλάττειν Pol. 915 4.
μετασχείν Pol. 339 12.
μνησθήναι Pol. 1038 27.
νοήσαι Pol. 995 21.
οφθήναι Herod. 65 14.
παραβάλλειν Pol. 965 32.
παραγγείλαι Pol. 41 19.
παραγίνεσθαι Pol. 244 13.
παραδούναι αρχήν Diod. IV. 231 19.

παραδραμεῖν Herod. 170_{21}.
παραλαβεῖν ἀρχήν Pol. 311_{15}; Dion. I. 218_{27}, 274_{12}, 302_{2}, 307_{20}, II. 20_{9}, 101_{20}, 206_{24}. IV. 49_{14}; Herod. 164_{7}; Zos. 11_{26}, 14_{20}, 192_{18}, 212_{17}.
παραλλάττειν Diod. I. 256_{28}.
παραπεσεῖν Pol. 787_{8}, $_{26}$.
παρελθεῖν Pol. 228_{1}, 1021_{20}; Dion. I. 274_{12}.
παύσασθαι Jos. VI. 286_{9}.
πελάσαι Pol. 313_{8}.
περιποιήσασθαι Pol. 192_{14}.
πιεῖν Zos. 56_{19}.
πλεῖν Pol. 888_{11}.
πλησιάζειν Pol. 28_{7}, 256_{16}; Dion. III. 123_{23}.
ποιήσασθαι Pol. 191_{21}, $_{19}$.
προελθεῖν Herod. 9_{19}.
προςάψασθαι Diod. I. 271_{29}.
προςβαίνειν Pol. 726_{20}.
προςδέξασθαι Pol. 277_{20}.
προςέχειν Pol. 115_{28}.
προςμῖξαι Pol. 946_{18}.
προςπελάζειν Diod. I. 272_{9}; Herod. 195_{31}.
προςπεσεῖν Pol. 751_{12}, 773_{25}; Herod. 107_{2}.
πυθέσθαι Pol. 1046_{8}; Dion. III. 147_{18}; D. C. II. 359_{15}; Zos. 110_{4}.
σημῆναι Pol. 726_{10}, 801_{11}, 965_{29}; Diod. I. 265_{6}.
συγχωρῆσαι Pol. 80_{27}.
συλλεχθῆναι Pol. 78_{22}.
συλληφθῆναι D. C. III. 16_{24}.
συμβαλεῖν Pol. 73_{14}.
συμμῖξαι Pol. 204_{30}, 652_{22}, 655_{25}.
συνάπτειν Pol. 277_{20}.
συνεγγίζειν Pol. 133_{9}, 637_{10}.
συνεῖναι Pol. 203_{37}; Dion. II. 88_{3}.
συνιδεῖν Pol. 230_{32}, 256_{16}, 289_{27}, 439_{20}, 747_{19}.
συντελεσθῆναι Pol. 25_{22}.
συστῆναι πόλεμον Dion. III. 119_{1}.
σώζεσθαι Herod. 107_{12}.
τίθεσθαι τοῦ χάρακα Pol. 658_{9}.
ὑποστῆναι Pol. 89_{8}.
φανῆναι Jos. IV. 148_{15}; Pol. 924_{5}; Zos. 209_{15}.
φθάσαι Zos. 10_{29}, 66_{8}.
φιλεῖν Plut. I. 160_{25}.

ὁμοῦ τῷ c. Inf.

Dionys: mit Inf. praes. I. 96_{31}.